RECHERCHES HISTORIQUES

SUR LE

PÈLERINAGE DES ROIS DE FRANCE

A

NOTRE-DAME D'EMBRUN

PRÉCÉDÉES D'UNE

NOTICE SUR MARCELLIN FORNIER

PAR

Adolphe FABRE

PRÉSIDENT DU TRIBUNAL CIVIL DE CHAMBÉRY
(Ancien président du tribunal civil d'Embrun).

GRENOBLE
MAISONVILLE ET FILS ET JOURDAN, LIBRAIRES-ÉDITEURS
Rue du Quai, 8.

PARIS
AUBRY, LIBRAIRE, RUE DAUPHINE, 16

1860

RECHERCHES HISTORIQUES.

GRENOBLE. — MAISONVILLE ET FILS,
IMP.-LIBR., RUE DU QUAI, 8.

MÉDAILLE DE NOTRE-DAME D'EMBRUN AU XVIe SIÈCLE
(D'après un coin appartenant à M. de Brye)

RECHERCHES HISTORIQUES

SUR LE

PÈLERINAGE DES ROIS DE FRANCE

A

NOTRE-DAME D'EMBRUN

PRÉCÉDÉES D'UNE

NOTICE SUR MARCELLIN FORNIER

PAR

Adolphe FABRE

PRÉSIDENT DU TRIBUNAL CIVIL DE CHAMBÉRY
(Ancien président du tribunal civil d'Embrun).

GRENOBLE
MAISONVILLE ET FILS ET JOURDAN, LIBRAIRES-ÉDITEURS
Rue du Quai, 8.

PARIS
AUBRY, LIBRAIRE, RUE DAUPHINE, 16

1860

2ᵉ édition, tirée à 250 exemplaires,

6 sur papier de Hollande,

12 sur papier de couleur,

232 sur papier ordinaire.

———

La première édition de 152 pages n'a été tirée qu'à cent exemplaires non livrés au commerce ; elle a paru en 1859.

ERRATA.

Page 20, ligne 23, au lieu de : 5 *août 1623*, lisez : 5 *août 1628*.

Page 72, ligne 6, au lieu de : *siècles précédents*, lisez : *siècles suivants*.

NOTICE

BIBLIOGRAPHIQUE ET LITTÉRAIRE

SUR

MARCELLIN FORNIER,

HISTORIEN DE L'EMBRUNOIS.

NOTICE

sur

MARCELLIN FORNIER.

§ I.

L'écrivain modeste auquel nous voulons consacrer cette notice n'occupe pas la place que ses ouvrages lui assignent dans la galerie des historiens du Dauphiné. On s'est beaucoup servi de lui, on lui a emprunté bien des documents, mais on l'a traité avec injustice, nous pourrions même dire avec ingratitude; on a affiché à son égard un superbe dédain, d'autant moins justifié, que l'importance de ses travaux devait le mettre depuis longtemps au rang des chroniqueurs les plus recherchés et les plus utiles de la province.

On ne nous contestera pas que de nos jours il serait très-difficile, pour ne pas dire impossible, de faire l'histoire générale du Dauphiné, si nous n'avions pas les recherches de Chorier. Nous ne craignons pas d'affirmer qu'il en serait de même pour l'Embrunois et pour l'histoire ecclésiastique de son célèbre archevêché, sans les ouvrages de Fornier. Les travaux de cet historien sont les bases fondamentales sur lesquelles l'édifice doit être construit. Avant lui, personne n'avait tenté de faire l'histoire de l'église d'Embrun; cette histoire existait à l'état rudimentaire dans la tradition, dans les archives du chapitre et des communautés religieuses; quelques fragments de la vie des archevêques avaient été imprimés dans divers ouvrages. Fornier a réuni en faisceau ces documents épars; il les a liés entre eux et leur a donné la vie; il a dépouillé les cartulaires, les chartes, les bulles, lettres patentes, arrêts de parlement, registres et délibérations; il a tout vu, tout lu, tout étudié. Ce sont là les sources vives auxquelles il a puisé, et non content de nous transmettre le fruit de sa persistance et de son courage, il nous a conservé intacts un grand nombre de titres originaux, inestimable service rendu à l'histoire du Dauphiné, pour lequel on ne saurait trop honorer sa mémoire.

Les récits les plus inexacts, les erreurs les plus manifestes ont été entassés, pour ainsi dire, autour de lui et de ses écrits : son nom a été altéré, le lieu de sa naissance méconnu, et la bibliographie a confondu comme à plaisir les ouvrages qu'il nous a légués. Disons aussi, pour être juste envers tout le monde, que les erreurs les plus graves ont été commises par ceux-là mêmes qui devaient les éviter ou les rectifier ; par les anciens écrivains de la contrée, par ceux qui se sont le plus servis de ses travaux et qui nous ont laissé des histoires sur Embrun et sur les contrées environnantes.

Si hasardées que puissent paraître nos propositions, nous espérons les démontrer d'une manière irréfragable. Si donc nous détruisons des opinions erronées, si nous rétablissons les faits dans toute leur vérité, si nous prouvons que nous avons raison, en un mot, peut-être n'aurons-nous pas besoin de nous justifier autrement de la liberté grande que nous allons prendre ; et, la conscience tranquille, sans craindre d'entendre crier à l'attentat, nous pourrons, comme Ruth, glaner l'épi dans le champ de Booz.

§ II.

Marcellin Fornier était né dans une petite ville du Vivarais, à Tournon (Ardèche), et non point à Embrun ou à Ceillac, comme on l'a imprimé bien souvent depuis plus d'un siècle. Il écrivait son nom FORNIER, et non *Fournier ;* il était prêtre et appartenait à la Compagnie de Jésus.

Il ne nous a pas été possible de déterminer l'époque précise de la naissance de Fornier ; il dut naître, autant que nos conjectures nous permettent de le supposer, sur la fin du XVIe siècle, vers 1590. Nous le trouverons professeur au collége des jésuites d'Embrun, en 1628 ; en 1645, il était à Carpentras, et en 1660 il avait déjà cessé de vivre ; il était allé mourir dans la maison que sa compagnie avait fondée, au commencement du XVIIᵉ siècle, dans la capitale de la Bresse, à Bourg même.

Le premier biographe qui se soit occupé de Fornier est Guy-Allard, et c'est à lui qu'il faut, en partie, attribuer les erreurs qui se sont propagées sur le compte de cet historien. Voici ce qu'il écrivait en 1680 :

« Marcellin Fournier, d'Ambrun, de la Compagnie de Jésus, a escrit les Annales ecclésiastiques de l'église de cette ville et un discours historique des Alpes Maritimes. Je crois qu'il est encore vivant (1). »

Chalvet, dans sa nouvelle édition de Guy-Allard, en dit moins encore, mais il trouve moyen, dans les trois lignes qu'il lui consacre, de commettre une inexactitude de plus.

« Fournier Marcellin a donné, en 1660, les Annales ecclésiastiques d'Embrun, sa patrie, et un discours sur les Alpes Maritimes (2). »

---

(1) Guy-Allard, *Bibliothèque du Dauphiné*, petit in-12, 1680.

(2) Chalvet, *Bibliothèque du Dauphiné*, nouv. édit., 1797, in-8°, pag. 170.

Nous verrons plus tard que ses ouvrages n'ont été imprimés ni en 1660, ni jamais, et qu'ils portent les dates de 1642 et 1645.

Albert, curé de Seyne, né à Chantemerle, auteur de l'*Histoire ecclésiastique et civile du diocèse d'Embrun*, vient encore augmenter la confusion.

« Le P. Marcellin Fournier, dit-il, jésuite, qui travailla aux Annales ecclésiastiques du diocèse d'Embrun jusqu'en 1645, était natif de Ceillac. On trouve ces annales en manuscrit latin dans trois bibliothèques à Embrun ; je m'en suis beaucoup servi (1). »

On voit qu'Albert n'avait pas connu le principal ouvrage de Fornier, son *Histoire des Alpes Maritimes* ; et comme c'est là tout ce qu'il dit de lui, dans son chapitre consacré aux hommes recommandables de l'Embrunois, on est surpris de ce laconisme en présence des larges emprunts qu'il lui a faits ; nous verrons plus tard de quelle manière il l'apprécie comme écrivain.

---

(1) *Histoire ecclésiastique et civile du diocèse d'Embrun*. Embrun, imp. de Moyse, 1783, tom. Ier, pag. 152.

Ainsi donc, d'après Guy-Allard, Fornier serait né à Embrun, et d'après Albert, à Ceillac.

Plus tard, Théod. Gauthier, dans son *Histoire de la ville de Gap*, répète, d'après Albert, que Fornier était né à Ceillac (1). M. Ladoucette a adopté son opinion (2), et tous les deux le nomment Fournier.

Colomb de Batines, dans son *Catalogue des Dauphinois dignes de mémoire*, le désigne sous le nom de Fournier; il ne relève l'erreur de Guy-Allard, qui le fait naître à Embrun, que pour tomber dans une autre et lui donner Ceillac pour patrie (3). Cette inadvertance de la part d'un écrivain qui jouit d'une réputation d'exactitude que nous ne voulons pas lui contester pour si peu, est d'autant plus incompréhensible, qu'une note bibliographique,

---

(1) *Histoire de la ville de Gap*, 1844, un vol. in-8°, pag. 170.

(2) *Histoire, topographie, antiquités, usages, dialectes des Hautes-Alpes*, par Ladoucette, troisième édition, un vol. grand in-8°. Paris, Gide, 1848, pag. 195.

(3) *Catalogue des Dauphinois dignes de mémoire*, 1re partie, 1840, pag. 72.

consacrée à Fornier, avait paru déjà dans la *Revue du Dauphiné*, note qui avait été rectifiée plus tard, en ce qui concernait le nom de notre historien, par un *errata* inscrit dans le même volume (1).

Tel est le langage de la biographie locale ; ses hésitations n'ont point été partagées, nous le répétons, par les écrivains étrangers au pays.

Ainsi M. Weiss, dans un article de la *Biographie Michaud*, donne à Fornier la ville de Tournon pour patrie (2). Jacques Lelong l'appelle avec exactitude Marcellin Fornier, jésuite Tournonois (3). Delandine, lui aussi, en conservant la véritable orthographe du nom, ajoute qu'il est originaire de Tournon (4). Nous trouvons la même mention dans la bibliothèque

---

(1) *Revue du Dauphiné*, tom. II, pages 199 et 264.

(2) *Biographie Michaud*, édition de 1816, tom. XV, pag. 384.

(3) *Bibliothèque histor. de la France*, par Jacques Lelong. Paris, 1719, in-folio, pag. 154.

(4) Delandine, *Catalogue des manuscrits de la bibliothèque de Lyon*, tom. II, pag. 72, n° 806.

des écrivains de la Compagnie de Jésus (1).

Vidons de suite la question du nom propre. Les deux manuscrits que nous avons entre les mains, l'original qui se trouve à la bibliothèque de Lyon, la copie de Fontanieu qui est à la bibliothèque impériale, portent tous le nom de Fornier, soit sur le titre, soit au bas des dédicaces que l'auteur adressait à l'archevêque Guillaume d'Hugues. Respectons donc la manière dont l'auteur lui-même écrivait son nom, bien que l'altération soit peu importante, elle est au moins inutile; puisqu'il signait Fornier ne l'appelons pas Fournier : nous n'aurions pour cela aucune bonne raison.

Ainsi que nous venons de le voir, Guy-Allard a le premier altéré le nom de Fornier, il le croyait encore vivant lorsqu'il publia sa *Bibliothèque du Dauphiné*, et lui donna Embrun pour lieu d'origine. Son erreur s'explique, il pouvait penser qu'un homme qui habitait Embrun, qui faisait l'histoire d'Embrun, devait être né à Embrun. Mais il n'en est rien : cette ville a donné le jour à des poètes, à des litté-

---

(1) Augustin et Aloïs de Backer, tom. II, pag. 208.

rateurs, nous ne pensons pas qu'elle puisse compter un seul de ses enfants au nombre de ses historiens.

Plus tard, le curé Albert donna Ceillac pour patrie à Fornier, par des raisons à peu près identiques. Cet auteur écrivant son histoire, se servit beaucoup d'un manuscrit de Fornier, celui des *Annales ecclesiastici* ; il eut encore en communication les travaux, restés inédits, d'un prêtre appelé Sébastien Fournier, curé de la Bréole et originaire de Ceillac. Ce Sébastien Fournier, dont il fait un éloge pompeux, était, s'il faut l'en croire, un homme d'une grande érudition. « Il s'étoit fait une loi d'employer chaque jour cinq heures à l'étude. Quelque occupation qu'il pût avoir, et lorsque les fonctions de sa paroisse ne lui permettoient pas d'y vaquer pendant le jour, il prenoit ce tems d'étude la nuit, qu'il déroboit souvent sur son sommeil. Il ne se contentoit pas de lire, comme font plusieurs ; mais pour tirer plus de profit de la lecture des livres, il en écrivoit le précis et le sommaire. Il pratiquoit la même chose à l'égard des anciens manuscrits qui lui tomboient entre les mains et qu'il savoit parfaitement déchiffrer; de sorte qu'il a laissé une foule de cahiers de remarques et de notes que son neveu, curé de Châteauroux, a eu la complaisance de me prêter (1). »

Le curé de Châteauroux de 1783 devait être fier de son parent; on le serait à moins, et ce n'est pas la faute d'Albert s'il n'a pas conquis plus de célébrité; mais nous soupçonnons fort ce neveu d'avoir poussé un peu loin l'esprit de famille et d'avoir enrôlé de force parmi les siens notre Fornier, qu'on appelait alors Fournier, ce qui rendait l'illusion plus facile, et de s'être ainsi donné pour son arrière-petit-neveu. De nos jours, le culte des grands-oncles n'a rien perdu de cette honorable vivacité.

La commune de Ceillac a compté pendant plusieurs siècles, et compte encore parmi ses habitants, plusieurs familles de Fournier; Albert aura pensé, le neveu de Châteauroux aidant, que l'historien d'Embrun et le curé de la Bréole étaient tous les deux issus de la

(1) *Histoire du diocèse d'Embrun*, tom. Ier, pag. 152.

même souche, et il aura pu le croire avec d'autant plus de bonne foi, que le manuscrit des *Alpes Maritimes*, qui aurait pu le tirer d'erreur, lui était complètement inconnu.

Depuis lors, les écrivains qui se sont succédé ont tous rejeté l'opinion de Weiss, Delandine et Lelong, et adopté la version d'Albert, qu'ils ont dû croire bien informé sur la généalogie des Fournier de Ceillac. Nous ne pouvons pas expliquer autrement leur erreur.

Le manuscrit autographe de l'*Histoire des Alpes Maritimes*, qui est à la bibliothèque de Lyon, porte, au bas de son titre, ces mots. « Composée par le R. P. Marcellin Fornier, Tournonois, de la Compagnie de Jésus. » Il est vrai de dire que ce mot Tournonois a été probablement tracé par une main étrangère ; il ne se trouve pas dans la ligne à laquelle il se rattache ; il est en-dessous et parait avoir été écrit après coup.

Cette désignation est reproduite dans la copie faite par Juvénis, dont nous aurons à parler tout à l'heure. C'est évidemment ce titre qui a porté Lelong, Delandine et Weiss a écrire dans leurs articles biographiques que Fornier était de Tournon, et en cela ils avaient raison.

Raymond de Juvénis, que ses travaux historiques placent à juste titre au premier rang parmi les hommes éminents de la contrée, et qui était, comme on le sait, procureur au bailliage de Gap, sur la fin du XVIIe siècle, avait fait une étude spéciale des manuscrits de Fornier. En 1664, il avait demandé à Embrun les *Annales ecclesiastici*, dont un exemplaire était déposé au collége des jésuites. Le P. Léotaud, à qui il s'adressa, les lui communiqua, et, dans une lettre intéressante, il lui donna sur Fornier des documents biographiques inédits d'autant plus précieux, que ce sont les seuls qui nous soient restés. Nous allons les rapporter en entier ; ils lèveront bien des doutes.

« Il semble que je ferois tort au public, dit Juvénis, si je ne lui faisois connoître le P. Marcellin Fornier, et si je me taisois de ce que le R. P. Vincent Léotaud, jésuite et très-célèbre mathématicien, m'en écrivit d'Embrun, le 28 octobre 1664, après que j'eus renvoyé le manuscrit de ses *Annales* au R. P. Claude Mercier, recteur du collége de la même ville, qui me les avoit confiées. Il estoit, disoit-il, un trèsvertueux religieux, infatigable à travailler en toutes les fonctions de nostre compagnie, à prescher, à confesser, à assister les malades, à catéchiser, à enseigner, ce qu'il a fait très-excellamment, estant très-bien versé ez langues, en histoire, en poésie, en oratoire. Dictant sur le champ tant poëmes qu'oraisons, sans hésiter et en toutes matières. Il avoit les auteurs si présents, à raison de sa rare mémoire, que c'estoit une bibliothèque vivante ez collége, à laquelle tous avoient recours en leurs difficultés. Il est mort à Bourg, en Bresse, et *estoit né à Tournon*, d'une bien honorable famille. »

Ce témoignage d'un contemporain ne saurait être révoqué en doute ; il n'est point suspect évidemment. L'auteur de cette lettre avait connu Fornier ; ils avaient professé ensemble et il écrivait encore sous l'impression des souvenirs qu'il avait laissés dans la communauté.

Du reste, le P. Léotaud n'avançait rien qui ne fût exact, et Fornier, dans un passage de son *Histoire des Alpes Maritimes*, nous donne clairement à entendre quel était son lieu d'origine.

François de Tournon, archevêque d'Embrun,

qui devint plus tard cardinal et qui joua un rôle important sous François Ier, lui en fournit l'occasion toute naturelle.

« Ma *naissance* et ma profession, dit-il, m'obligent, par dessus tous les autres hommes, de parler de la gloire de ce prélat autant que les lois de l'histoire m'en pourront donner la liberté. Chenu (1) ne savoit pas bien où est Tournon quand il a dit que François estoit du Dauphiné. Tournon est dans le Vivarez, et ce que cet auteur dit du pays de cet archevêque ne peut être véritable...... »

On sent que Fornier, en parlant ainsi, est sur son propre terrain; les détails qu'il donne sur la famille de son illustre compatriote, sur la généalogie, les anecdotes, les circonstances particulières, en quelque sorte intimes, qu'il nous révèle ne peuvent s'expliquer que par une connaissance complète, une sorte de familiarité avec les traditions de la mère-patrie.

---

(1) Jean Chenu, historien, né à Bourges en 1559. François de Tournon avait tenu le siège de Bourges pendant dix ans.

En voici un exemple que nous citons avec plaisir, car il servira à caractériser l'écrivain :

« Cette famille, dit-il en parlant de la maison de Tournon, est une des plus anciennes et des plus illustres de toute la France ; l'on a porté son origine jusqu'à la fable. Ronsard, qui a esté le Pindare de nostre nation, la fait sortir en sa Franciade de l'incendie de Troye, d'un certain Trogin venu en Gaule. L'on dit pour justifier ce poëte qu'un prince turc chassé de son pays estant en France pour traiter avec le roi de quelques desseins, s'estoit enquis fort soigneusement de la maison de Tournon, et que lui ayant esté répondu qu'elle subsistoit encore, avec un grand esclat, je n'ai pas, dit-il, peine à le croire puisque je sçay qu'elle est sortie de Trogin, prince troyen, fils de Francus, et cousin de Turcot, dont ma famille est descendue : que ce prince turc choisit à cause de cela le chasteau de Tournon où il fit un séjour d'un an presque.... »

De nos jours, loin d'héberger pendant un an un aventurier se disant descendant de Trogin, fils de Francus, et cousin de Turcot, nous le mettrions à la porte, malgré sa qualité de prince turc, et nous n'aurions pas trop de sarcasmes pour le prélat qui serait assez crédule, assez sottement vaniteux pour aller chercher ses aïeux à la cour de Priam. Mais c'était dans le goût du temps ; les poètes alors faisaient fonctions d'historiographes, et la nombreuse famille du vieux roi troyen était une source inépuisable à laquelle ils puisaient sans façon. Leurs licences généalogiques étaient acceptées, et leur érudition, qui nous fait sourire aujourd'hui, était parfaitement admise par les hommes les plus sérieux.

C'est ainsi que Marcellin Fornier va parlant du cardinal et de sa famille avec une naïveté et une bonhomie dont on n'a pas le courage de le blâmer. C'est ainsi qu'il se livre à un luxe de recherches pour découvrir les saints, les héros, les personnages illustres de cette famille ; son zèle l'emporte au-delà des limites permises, mais l'exagération même de l'éloge s'explique par l'amour du pays et par ce que lui-même il croit être un devoir de naissance. C'était encore pour lui un devoir de profession.

N'oublions pas, car Fornier nous la rappelle

avec soin, la protection spéciale et énergique que le cardinal avait accordée aux jésuites persécutés; il les avait reçus chez lui, leur avait confié la direction du collége qu'il avait fondé à Tournon, et en maintes occasions mémorables il s'était fait leur défenseur. Fornier payait donc un tribut de reconnaissance à sa mémoire.

Nous n'avons pu découvrir à quelle époque précise notre historien vint à Embrun ; nous l'y trouvons, en 1628, exerçant un pieux et pénible ministère : accompagnant jusqu'au gibet les condamnés à mort et les exhortant à se réconcilier avec Dieu.

A ce sujet, voici deux épisodes de sa vie qu'il nous raconte avec une simplicité de style qui trahit le côté dominant de son caractère. Chorier l'appelait *le bonhomme*, nous n'avons point de peine à le croire.

« Je suis témoin oculaire, mon lecteur, de ce que je vais écrire, et il y a une infinité de personnes, particulièrement d'Ambrun, qui l'ont vu comme moi et qui pourroient en donner un témoignage fidèle. Le 5 août 1623 le père Hugonet de nostre compagnie, qui preschait alors à la cathédrale, estoit avec moi proche d'un soldat que l'on menoit au supplice. Ce père suggéra à ce soldat l'exemple d'une femme de Besançon qui avoit esté tirée en pareil jour de supplice. Il salua, chemin faisant, la très-sainte Vierge, comme il fut au-devant de la porte du Réal de l'église, et il se recommanda avec ferveur à ses salutaires intercessions. Le voilà sur l'échelle, on le jette, la corde rompt, il est sans liens, prend le chemin du rocher, et il descend dans une caverne par une route inaccessible. Comme il fut dans cette caverne on détacha une troupe de mousquetaires au dessus du rocher, qui lui tirèrent plusieurs coups pour le tirer de là dedans ; cela l'obligea d'en sortir et de là de passer par une route aussi inaccessible que la première dans le jardin de l'archevêque, ce qu'il fit nonobstant les coups de mousquet que l'on continua toujours de tirer contre lui.

« Duplessis Besançon, qui commandoit ces troupes, s'opiniâtroit toujours d'avoir ce soldat pour le faire exécuter, mais les affaires du roi l'obligèrent d'aller ailleurs, et son départ fit que les mousquetaires qu'il avoit détachés contre ce malheureux abandonnèrent cette entreprise. Ce miracle donna de l'admiration à tout Ambrun et à tous les lieux voisins. Le roi Louis XIII passant l'année suivante voulut voir lui-même l'endroit par où ce soldat s'estoit sauvé et le R. P. Arnoux son prédicateur ordinaire étant monté en chaire fit un discours public sur ces paroles de Salomon : *Tria sunt mihi difficilia... Viam colubri super petram...* »

L'autre fait se passa quatorze années après, jour pour jour, le 5 du mois d'août 1642.

« Ce jour là, ayant esté pour accompagner et pour exhorter une fille qui avoit esté condamnée à la mort, je lui fis en vue de l'église de Nostre-Dame, le récit de ce qui s'estoit passé il y avoit quatorze ans au sujet du soldat dont je viens de parler, et je l'exhortai d'avoir une entière confiance à cette auguste reine des rois et de se recommander bien à elle, lorsqu'elle passeroit devant le vestibule de cette église ; elle le fit avec un grand sentiment de piété et estant arrivée au lieu du supplice le bourreau la jeta en grande force, et lui estant sauté sur les épaules, la corde rompit, et deux cavaliers prirent d'abord cette fille et la menèrent dans les états de Savoie où elle fut en assurance. Ces deux miracles arrivés le jour de Nostre-Dame des Neiges, m'avoient fait venir en pensée de supplier les juges d'Ambrun de ne permettre à l'avenir aucune exécution, ni ce jour là, ni les autres jours des fêtes de la Sainte Vierge, et de les différer au lendemain. »

A propos de ces deux événements présentés par Fornier comme des miracles, qu'on n'oublie pas qu'il s'agit ici de l'appréciation d'un homme de bonne foi, profondément religieux et convaincu. Sans doute, il y a une singulière coïncidence dans ces deux dates, dans ces cordes qui se rompent, dans ce gibet qui par deux fois refuse la victime, dans cette foule qui s'ouvre pour laisser échapper deux criminels (1), et sans vouloir enlever aux faits le caractère providentiel qu'ils peuvent avoir, il est bon de dire que l'image miraculeuse de Notre-Dame d'Embrun ayant été détruite ou

---

(1) Une croyance populaire faisait considérer comme ayant expié sa peine celui sur l'épaule duquel la main du bourreau s'était posée ; on le protégeait, on facilitait son évasion par tous les moyens possibles.

tout au moins ayant disparu depuis le 15 novembre 1585, lors de la prise de la ville par les protestants, le pèlerinage à la Vierge cessa tout à coup. Depuis lors, on essaya plusieurs fois, dans un but honorable et pieux, de le faire revivre. Fornier, qui écrivait alors l'histoire de l'église d'Embrun, dut être un des plus zélés promoteurs de cette tentative régénératrice, et s'il faut l'en croire, quelques prodiges se seraient opérés; nous le trouvons mêlé à la constatation juridique de deux ou trois d'entre eux, mais ils furent comme les dernières lueurs d'un flambeau qui s'éteint. Notre-Dame du Laus hérita de toute la faveur qu'avait eue la Vierge du Réal, et ce fut vers cette autre montagne que les pèlerins se dirigèrent.

Chose assez bizarre, ces deux supplices marquent la première et la dernière trace du séjour de Fornier à Embrun ; nous ne l'y avons trouvé ni avant, ni après; c'est dans l'intervalle qui s'écoula entre ces deux *pendaisons* qu'il travailla à l'*Histoire des Alpes Maritimes ;* quelques années après, il était à Carpentras, et il mourait bientôt sans avoir pu faire imprimer ses recherches, auxquelles il avait consacré une partie de sa vie, ses soins et ses veilles : recherches considérables et précieuses qu'il nous reste à faire connaître.

§ III.

Nous allons trouver sur les écrits de Fornier la même confusion qui règne dans les courtes biographies qui lui ont été consacrées.

Le Long n'avait connu que son *Histoire générale des Alpes Maritimes*, dont le manuscrit était alors conservé à la bibliothèque des Jésuites.

Albert n'avait eu sous les yeux que les *Annales ecclesiastici*.

Le premier de ces ouvrages est français, le second est écrit en latin, et bien qu'ils traitent tous les deux de l'histoire de l'Embrunois, on ne doit pas les confondre. L'un, fort étendu et consacré aux matières civiles et religieuses, fut terminé en 1642. Le second, qui n'est qu'un abrégé du premier, exclusivement restreint à l'histoire ecclésiastique, aurait été fait trois ans après, en 1645 : l'auteur était alors à Carpentras, car le manuscrit que nous avons sous les yeux porte ces mots après le titre : *Carpentoracte, quinto nonas octobris, anni* 1645.

L'*Histoire des Alpes Maritimes* est un énorme volume de huit cent vingt-deux pages, sans la table, d'une écriture fine et serrée, contenant la matière imprimée de deux volumes in-folio ordinaires. Voici son titre, pris sur l'autographe qui est à Lyon :

HISTOIRE GÉNÉRALE
Des Alpes Maritimes
ou Cottiennes,
Et particulière, de leur métropolitaine
Ambrun,
Chronographique,
Et meslée de la séculière avec l'ecclésiastique,
Divisée en quatre parties fort abondantes
en diverses belles curiosités,
Composée par le R. P. Marcellin Fornier,
Tournonois de la Comp^{ie} de Jhs.

« Cette histoire ecclésiastique et profane, dit Delandine, est divisée en quatre parties et suit l'ordre chronologique des événements : elle est dédiée à Guillaume d'Hugues, archevêque d'Embrun. L'auteur paraît prolixe et diffus. Le manuscrit offre une écriture peu flatteuse, chargée de ratures et d'additions interlinéaires, ou collées en marge, ce qui prouve qu'il est sorti de la main propre de l'auteur.... L'ouvrage du P. Fornier contient un certain nombre de pièces originales ; les sources où l'auteur a puisé sont habituellement citées (1). »

Voici maintenant le titre du manuscrit latin qui appartient à la bibliothèque impériale :

ANNALES ECCLESIASTICI
Sanctæ Metropolitanæ ecclesiæ Ebredunensis,
Authore R. P. Marcellino Fornier,
Societatis Jesu præsbitero.

La date de 1645 et le nom de la ville de Carpentras ne se trouvent point sur cet exemplaire.

(1) Delandine, *Catalogue des manuscrits de la bibliothèque de Lyon*, n° 806.

C'est un volume in-folio de quatre cent vingt-quatre feuilles, de vingt-quatre lignes à la page ; il est dédié « *Illustrissimo ac reverendissimo D. Guillelmo d'Hugues, archiepiscopo et principi Ebredunensi, comiti Brezeriarum, Guillestræ et Belfortii, in conciliorum regis arcanorum, consiliario sapientissimo.* »

Ce manuscrit, appartenant au fonds de Fontanieu (1), portait autrefois l'indication Fontanieu, p. 16. On le trouve aujourd'hui sous celle de Supplément latin, 911. C'est une belle copie en écriture moyenne du XVIIIe siècle, sans doute exécutée pour Fontanieu lui-même.

En 1837, la *Revue du Dauphiné* publiait un article bibliographique dans lequel on lit :

« On vient de retrouver à Gap une copie de l'histoire inédite de Marcellin Fornier, intitulée *Annales ecclesiastici ;* elle se trouve entre les mains de M. Joseph Wallon ; on n'en connaissait jusqu'ici que deux exemplaires : le

(1) Presque tous les ouvrages concernant le Dauphiné, qui se trouvent à la bibliothèque impériale, proviennent du fonds de Gaspard-Moyse de Fontanieu, intendant de la province du Dauphiné, de 1724 à 1740.

premier, qui passe pour être l'autographe, se trouve à la bibliothèque de Lyon, le second existe à la bibliothèque royale, fonds de Fontanieu (1). »

Voilà donc les erreurs qui recommencent: l'auteur de cet article a confondu les deux ouvrages, sans remarquer qu'ils étaient écrits en deux langues différentes.

Mais il était donné à un écrivain de Gap d'aller plus avant dans cette fausse voie, et nous avons lu avec surprise, dans l'histoire de Théodore Gauthier, que Juvénis, entre autres œuvres manuscrites, avait laissé une *traduction* de la volumineuse *Histoire des Alpes Maritimes ou Cottiennes* de Marcellin Fornier, laquelle se terminant à 1642, avait été continuée par lui jusqu'à la fin du siècle (2).

Cette idée de traduction était tellement accréditée, que la copie du manuscrit faite par Juvénis porte sur le dos de la reliure : *Manuscrit, Le P. Fournier, Histoire des Alpes Maritimes. Traduction de Juvénis.*

---

(1) *Revue du Dauphiné*, tom. II, pag. 199.
(2) *Précis de l'histoire de la ville de Gap*, pag. 154.

Cette erreur a été corrigée plus tard sur le premier feuillet du volume, par les soins de Monseigneur Depéry, évêque de Gap.

M. Gauthier, qui devait connaitre les manuscrits de Juvénis, qui les avait consultés pour faire son histoire, aurait évité l'erreur dans laquelle il est tombé, s'il eût comparé les *Alpes Maritimes* avec les *Annales ecclesiastici*; il se serait bien vite aperçu que le premier de ces ouvrages, par son étendue et par les matières qu'il contient, ne pouvait pas être la traduction de l'autre, beaucoup plus court, et que les *Annales ecclesiastici*, notamment, ne donnaient aucune des pièces justificatives qui sont rapportées tout au long dans l'autre, et que sur beaucoup de points les deux versions sont différentes.

La copie de M. Joseph Wallon est conforme quant au texte, à celle de la bibliothèque impériale; seulement, au lieu de s'arrêter à 1642, comme l'autre, elle contenait de plus une suite de l'histoire ecclésiastique jusqu'à l'épiscopat de l'archevêque Fouquet (1740-1767). Cette continuation était indiquée par le titre suivant : *Archiepiscopi qui sederunt super cathedram*

Ebredunensem, a Guillelmo d'Hugues usque ad Bernardinum Franciscum Fouquet nunc feliciter regnantem. Il n'en reste plus qu'un feuillet, sur lequel nous avons relevé ce titre ; les autres pages ont été déchirées.

Juvénis avait aussi lui-même, en 1672, fait une copie de l'autographe des *Alpes Maritimes*, il en avait continué le récit jusqu'en 1700.

Cette copie de Juvénis, ainsi que celle des *Annales ecclesiastici* de M. Joseph Wallon, sont aujourd'hui dans la bibliothèque de Monseigneur Depéry ; c'est à la bienveillance de ce savant prélat que nous en devons la communication.

Juvénis va nous expliquer clairement de quelle manière il se procura le manuscrit de Fornier, et à quel travail il se livra ; laissons-le parler :

« Au mois d'octobre 1672, le R. P. Henry-Ignace-Régis de la compagnie de Jésus, recteur du collége d'Ambrun, a fait venir le manuscrit du R. P. Fornier de Lyon, où il estoit dans le collége entre les mains du R. P. Jean Colomby de la même compagnie, qui a escrit une lettre au même P. Régis, par laquelle il lui marque que les reviseurs, c'est le nom de ceux de cette compagnie qui ont charge d'examiner les livres qu'on veut mettre au jour, avoient condamné ce livre à n'estre point imprimé, à cause qu'il parloit de la sortie de ceux de leur compagnie hors du royaume, et que s'il me l'envoyoit, il falloit oster les cahiers de ces endroits là.

« Mais le P. Régis n'en ayant rien osté, j'ai leu tout ce manuscrit d'un bout à l'autre et j'ai trouvé que l'autheur parle fort sobrement et fort peu de cette sortie, et j'ai jugé en mesme temps que ce qui pouvoit avoir porté les reviseurs à donner ce jugement contre ce livre, c'est que quoique la matière en soit fort curieuse et l'ordre extrêmement juste, le style en est méchant, et la manière de traiter les matières extrêmement confuse; qu'il y a des pensées où l'autheur se guinde, et des expressions forcées et hors d'usage. J'en a laissé quelque chose dans la traduction qu'il a fait de *Silius Italicus* touchant la Durance. Enfin ce livre auroit fait tort à la réputation de haute suffisance et de la politesse de cette compagnie, si l'on eût souffert qu'il eût esté publié en l'estat qu'il est. Toutefois, m'estant tombé entre les mains ainsi que je viens de dire, j'entrepris de l'habiller d'une autre manière et de l'accommoder à ma façon, tout autant que je l'ai pu faire dans le peu de loisir que mes occupations me donnent et dans le dessein que j'ai eu de ne m'éloigner nullement de l'ordre et des pensées de cet autheur : ce que j'ai fait dans cet ouvrage. Je sçay qu'il y a beaucoup de fautes de mon chef, mais je n'ay travaillé que pour ma propre curiosité et j'ai voulu copier et non pas faire un livre. J'ai creu encore d'y devoir ajouster plusieurs choses que l'autheur avoit obmises et que j'ai fait pourtant toutes siennes bien qu'elles soient nombreuses et considérables, et avec cela la suite de cette histoire... (1). »

Ainsi donc, le manuscrit de l'évêché de Gap n'est autre chose qu'une *copie habillée d'une autre manière accommodée à la façon de Juvénis*, copie peut-être préférable à l'original

---

(1) *Histoire des Alpes Maritimes*, copie de Juvénis, pag. 509. C'est de cette copie que nous nous sommes servi pour nos recherches sur le pèlerinage des rois de France à Notre-Dame d'Embrun.

dont elle est en quelque sorte une deuxième édition revue, corrigée et augmentée, et non point une traduction comme on l'avait cru.

Il semble difficile d'admettre que l'expulsion des jésuites, dont Fornier parle en termes mesurés, ait été la cause du refus qui lui aurait été signifié de faire imprimer son livre. Si chatouilleux que les pères aient été sur ce point, ils ne seraient pas allés à cette extrémité d'une manière irrévocable, et leur censure portant sur quelques passages du manuscrit, il suffisait à l'auteur d'y faire quelques changements pour se mettre en règle avec sa compagnie. Nous sommes donc de l'avis de Juvénis sur ce point, mais nous ne pouvons adopter son opinion sur le reste.

Fornier n'a-t-il pu obtenir l'autorisation d'imprimer ? Qui a pu motiver ce refus ? C'est ce que les archives seules des PP. Jésuites pourraient nous révéler. Juvénis ne pouvant accepter comme sérieuses les raisons que donne le P. Colomby, cherche une cause et croit la trouver dans les imperfections du style. Mais là encore quelques retouches devaient suffire pour faire lever l'interdit. Dans tous les cas, Fornier pouvait publier les *Annales ecclesiastici* qui ne paraissent pas avoir été censurés. Juvénis fait un éloge exagéré de ce travail, de même qu'il avait été trop sévère pour le premier, dont il trouve le style méchant, les expressions forcées et hors d'usage. Le latin, au contraire, lui paraît être très-pur et très-beau. S'il était si pur et si beau, la compagnie n'avait plus de raisons pour refuser l'autorisation que demandait Fornier.

Nous ne ferons donc que des suppositions à cet égard; peut-être l'auteur, qui était un pauvre prêtre, ne trouva-t-il pas un imprimeur qui voulût éditer cet ouvrage à ses périls et risques : peut-être l'archevêque Guillaume d'Hugues, son protecteur, jugea-t-il prudent d'attendre un moment plus opportun. Les guerres religieuses, qui avaient ensanglanté le Dauphiné pendant près d'un demi-siècle, avaient laissé une impression profonde qui n'était pas encore calmée. On jugea sans doute prudent d'attendre, sauf à éditer plus tard.

Quant au style, il n'est ni si bon ni si mauvais que Juvénis veut bien le dire, et ne mérite *ni cet excès d'honneur, ni cette indignité*. Le latin, particulièrement, est beaucoup trop classique, trop parsemé de locutions poétiques qui obscurcissent le sens. Le latin d'Horace et de Virgile se prête assez difficilement à la formule des idées françaises et à la précision que l'on demande au langage de l'histoire moderne. Pour nous, nous trouvons ce latin beaucoup trop beau, beaucoup trop fleuri, et cet excès même est à nos yeux un grave défaut qui enlève beaucoup de clarté au récit de Fornier. Nous parlerons bientôt du manuscrit français à ce point de vue.

L'*Histoire des Alpes Maritimes* est une œuvre de longue haleine; l'auteur y consacra cinq ans d'un travail opiniâtre et consécutif, cinq ans de labeurs, équivalant, il a soin de nous l'apprendre, à douze années d'études ordinaires.

« Vous n'ignorez, prince très-illustre, dit-il à l'archevêque Guillaume d'Hugues, avec quelle opiniâtreté de soins et d'efforts j'ai exhumé de l'oubli dans lequel elle était plongée, l'histoire de vos prédécesseurs. Non-seulement je les ai rappelés à la mémoire des hommes, mais je les ai fait revivre dans l'ordre des temps où ils ont vécu, autant que l'activité et l'industrie humaines guidées par les lumières d'en-haut ont pu me le permettre.

« J'ai fouillé au milieu des ruines de l'antiquité pour découvrir les merveilles et les hauts faits qui restaient ensevelis dans les ténèbres de l'oubli. J'ai fait, sans autre secours que celui d'un travail obstiné, ce que personne avant moi n'avait tenté pour nous donner une histoire complète; ce que même, l'aurait-on voulu énergiquement, on n'aurait osé entreprendre en présence de la disette des livres.

« Que de bibliothèques j'ai dû visiter ! que d'hommes j'ai consultés ! afin de me procurer les livres et les matériaux nécessaires pour écrire. Combien j'ai dû faire de recherches dans les auteurs ! fouiller d'archives de votre diocèse ! que de voyages j'ai faits en France et dans le royaume subalpin pour examiner les titres et les monuments de l'histoire !.... Que de vaines opinions j'ai eu çà et là à discuter; que de traditions à ramener à une chronologie certaine, que de récits inexacts à connaître pour arriver à la certitude des événements anciens. Celui-là seul pourra le savoir, qui le premier a entrepris d'aborder un sujet, que pour ne pas en prendre le soin, on avait laissé intact et inexploré jusqu'à ce jour. »

C'est ainsi que s'exprime Fornier dans la dédicace latine qu'il adresse à Guillaume d'Hugues et que nous traduisons presque mot à mot. Nous verrons bientôt dans quel but il énumérait ainsi les difficultés de son entreprise ; ce qu'il importe de retenir, c'est qu'avant lui, aucun travail n'avait été fait sur l'histoire d'Embrun ; c'est que les matériaux à consulter étaient épars et qu'à lui revient l'honneur de les avoir assemblés et d'avoir rendu faciles les recherches des écrivains qui lui ont succédé.

Ce fut vers 1635 ou 1636 que Fornier commença son travail, ses courses et ses explorations. Les archives du chapitre d'Embrun et celles de la ville avaient échappé, en partie du moins, aux dévastations des protestants. Nous savons qu'à cette époque, de funeste mémoire, les premiers actes des réformés entrant en vainqueurs dans une ville étaient, après la destruction des images religieuses, l'incendie des archives et des bibliothèques du clergé. Mais pendant les quarante années que durèrent ces guerres, les précautions les plus grandes étaient prises pour sauver du pillage les titres les plus précieux. Il y a quelques années, on trouvait dans un vieux presbytère de cet arrondissement, à Champcella, des liasses nombreuses de papiers non encore dépouillées, qui avaient été murées dans une cachette où elles sont restées près de trois siècles, sans qu'on soupçonnât leur existence.

Il en fut probablement ainsi à Embrun, car les récits contemporains ne laissent aucun doute sur le pillage de l'église, de son trésor, et l'incendie des archives de Notre-Dame, au mois de novembre 1585.

Fornier, du reste, nous indique avec soin les manuscrits et les ouvrages qu'il a consultés : parmi ceux relatifs à l'histoire du Dauphiné, nous trouvons les archives de l'archevêché et du chapitre d'Embrun, de l'abbaye de Boscodon, celles de la maison de ville d'Embrun, celles de Guillestre, de Crévoux, de Ceillac, de Châteauroux; divers ouvrages de l'archevêque Gélu, sur les prééminences de l'archevêché d'Embrun, son mémoire sur la Pucelle, et diverses lettres de lui sur les affaires du temps et de l'Etat. Les histoires de Vienne, de Lelièvre, et du célestin Jean Dubois; celle des évêques de Valence et de Die, par Jean Colomby; des Vaudois, par le ministre Jean Perrin, et les poésies de l'Embrunois Jean Morel. La nomenclature, on le voit, n'en est pas longue.

L'*Histoire des Alpes Maritimes* est un mélange de l'histoire civile et de l'histoire ecclésiastique. Fornier ne manque pas de nous dire *qu'il a mêlé le séculier et le profane pour délasser l'esprit* : contrairement à l'indication du titre, l'ouvrage se divise en cinq parties au lieu de quatre.

La première est une sorte de description : on y trouve le nom des Alpes, le nombre des montagnes, leur forme, leur élévation, plus particulièrement le nom des Alpes Embrunoises et Maritimes ; l'origine des peuples qui les ont habitées, les villes anciennes, celles d'une fondation moderne, répandues sur le territoire soumis à la métropole ; la chorographie du diocèse et les choses singulières qui s'y rencontrent *dans l'air, dans les eaux et sur la terre*.

Dans la deuxième partie, l'auteur paie largement son tribut au goût de l'époque. Nous avons dit un mot de la vanité de nos aïeux en matière généalogique, et des licences des poètes à cet égard; les chroniqueurs n'agissaient pas autrement; ils s'appliquaient à flatter l'amour-propre national en cherchant le berceau des peuples dont ils faisaient l'histoire au milieu des âges héroïques. Ainsi, nous voyons notre vieux chroniqueur Aymar du Rivail nous parler du géant *Cursolius* ou *Briardus* (1), ayant vingt-deux pieds de haut, qui régna sur les Allobroges; fixer avec une précision qu'on ne saurait trop admirer, si elle était tant soit peu sérieuse, à cent quarante-trois ans après le déluge le règne de Samothes; nous raconter les faits et gestes de Dryus, d'Hercules, de Francus le Troyen, pour arriver enfin à Brennus Congolitan, Aneroeste et autres rois de ces montagnes, dont l'existence est fort douteuse et l'histoire on ne peut plus obscure.

(1) *Aymari Rivallii Delphinatis de Allobrogibus*, édition publiée par M. de Terrebasse, liv. second, pag. 182.

Fornier, qui ne dit pas avoir consulté le manuscrit d'Aymar du Rivail, adopte cependant la division de ce chroniqueur, qui a été en quelque sorte suivie par Chorier. Après sa description géographique, il nous jette à travers les âges fabuleux, et dans sa deuxième partie, il nous raconte comment Phaëton tenta de s'établir dans les Alpes Maritimes, comment le règne de Janus s'y étendit, et de quelle manière il y fut honoré. « Vous y verrez l'établissement des Caturiges et des Ambrons, le règne de Brennus, de Congolitan, d'Aneroeste, les passages d'Annibal (1), d'Amilcar, avec le règne, la mort et le sépulcre de Cottius... »

Ses géants ne sont plus Cursol et Briard, mais bien Alpyon et Brigyon, qui, *le fait est constant, étaient sortis d'une couche abominable de démons incubes qui les avaient formés d'une semence étrangère, ou qui étaient nés de quelques fameuses magiciennes qui avaient instruit leurs enfants dans leurs prestiges.*

(1) On peut voir aussi, pour les comparer, les chapitres consacrés par du Rivail à Brennus, Concolitanus, Aneroeste et Annibal, pag. 210, 223, 227.

Nous ne voulons pas nous appesantir davantage sur cette manie qu'avaient nos premiers chroniqueurs de créer des noms pour expliquer des étymologies. Janus, Alpyon, Brigyon, sont là, évidemment, comme les radicaux des mots Genèvre, Mont-Genèvre (Mons-Jani), Alpes, et Briançon (Brigantium), de même que Francus explique Franc et France, et qu'Allobrox explique Allobroge. Ce n'était pas plus difficile à trouver que cela. Cette érudition poétique, que n'accepterait pas aujourd'hui notre Académie des inscriptions et belles-lettres, devait encore durer quelque temps après Fornier. Ne lui en faisons pas un crime; elle était de mode avant lui, elle le fut encore après.

A la troisième partie, nous quittons les héros de la fable pour arriver à des époques plus récentes, à l'ancienneté de l'église d'Embrun. Fornier y traite du pouvoir temporel des archevêques, des honneurs et des priviléges que les empereurs et les pontifes leur accordèrent, de l'illustration de son chapitre et des richesses et ornements des églises, abbayes, monastères, prieurés, paroisses et hôpitaux du diocèse.

La quatrième partie est consacrée à l'histoire civile sous la domination des empereurs romains, son récit n'est encore là, comme dans Aymar du Rivail, qu'une compilation, qu'une suite de centons, des poëtes et des historiens de l'antiquité. Il y expose les droits accordés par Néron aux habitants de la contrée, son union à la province Narbonnaise, le commencement et les progrès du christianisme; l'établissement de la métropole, son état sous les empereurs, les rois de France et de Bourgogne, les persécutions des ariens, l'invasion des barbares Lombards et Sarrasins, et il s'arrête à l'an 1000.

Dans la cinquième et dernière partie, l'auteur raconte l'expulsion des Sarrasins, la souveraineté des archevêques, les faveurs qui leur furent accordées par les papes, les priviléges que les empereurs leur octroyèrent, les hommages que leur rendirent les dauphins; leurs débats et leurs traités avec ces princes; les conflits entre les archevêques et les habitants; l'hérésie des Vaudois, les procédures faites contre eux ; les guerres de religion et les autres événements depuis l'an 1000 jusqu'en 1642.

Les trois dernières parties sont les plus intéressantes de l'ouvrage. Fornier s'y est livré à des investigations et à des recherches dignes d'éloges. Quelquefois, sa judiciaire est en défaut et il ne tire pas suffisamment parti des documents qu'il a sous les yeux; l'intérêt de l'église le domine et lui fait négliger de temps en temps les autres côtés de l'histoire. Mais ses préférences s'expliquent : si la partie religieuse est sa préoccupation principale, il ne faut pas perdre de vue que l'histoire d'Embrun se résume presque en entier dans celle des archevêques. Du reste, Fornier discute tout avec bonne foi, hommes et choses, sans parti pris, et il ne paraîtra exclusif et absolu que dans ses récits sur l'hérésie des Vaudois et sur les guerres de religion, et là encore sa qualité de prêtre doit l'absoudre : il remplissait un devoir.

Fornier était un honnête homme qui ne vendait pas sa plume; on ne lui fera pas le reproche qu'on a pu adresser, avec quelque raison, à Chorier et à Guichenon, d'avoir, comme Paul

Jove, une plume d'or et une plume de fer, suivant les circonstances. Sa plume est toute à Dieu et à l'histoire. Outre ses deux ouvrages sur Embrun, il avait fait *un bien docte commentaire sur Esdras, au rapport de ceux qui l'ont vu* (1). Ce commentaire est perdu, et, pour notre part, nous préférons ses manuscrits d'histoire à son commentaire ou à sa discussion théologique et dogmatique, qui peuvent être facilement remplacés.

Ses scrupules sur la droiture et le désintéressement de ses intentions vont si loin, qu'il se croit obligé de se défendre du reproche qu'on pourrait lui adresser à l'égard de certaines flatteries sur quelques familles, et sur l'oubli de plusieurs autres; il explique avec la plus grande bonhomie qu'il n'a donné des qualifications nobiliaires que d'après des documents authentiques, et que, quant aux familles dont il n'a pas parlé, telles que celles de Bonne, de Champoléon, de Rosset, d'Aspremont, de Challiol, de Réotier, et autres, il se croit faci-

---

(1) *Histoire des Alpes Maritimes*, copie de Juvénis, pag. 509.

lement excusable : si elles lui eussent communiqué leurs titres, *il leur eût donné des marques de son zèle.*

Juvénis lui a reproché son style. Nous ferons bon marché de cette critique; ce n'est point le style qu'on recherche aujourd'hui dans les historiens: du reste, il n'est pas si mauvais qu'il veut bien le dire, et lui-même n'a pas trop plus de clarté, de méthode et d'élégance, si nous en jugeons par la continuation de l'*Histoire d'Embrun* que nous avons sous les yeux.

Albert le trouve trop crédule aux histoires fabuleuses de Nostradamus et de Jacques de Voragine; le reproche est fondé et nous en avons fait justice en le montrant partagé par tous les historiens contemporains; comme Juvénis, il le trouve obscur, mais il rend hommage à ses connaissances historiques (1).

On a écrit de Chorier qu'il était bavard et diffus, sans critique, adoptant des fables équivoques, substituant les imaginations au silence

(1) *Histoire d'Embrun*, préface, pag. 8.

de l'histoire, mais singulièrement investigateur, et, à tout prendre, le créateur des annales de son pays (1).

Adoptons si l'on veut ce jugement pour notre historien, si sévère qu'il soit. Fornier n'en sera pas moins le créateur des annales embrunoises. Il a moins écrit que Chorier ; c'est là sa seule infériorité. Mais nous allons voir que son contemporain ne dédaignait pas ses travaux et qu'il les recherchait pour en faire son profit. Contentons-nous seulement, à titre de protestation contre la critique, de constater que son *Histoire* était appréciée à sa juste valeur par des hommes qui ont plus d'autorité que Chorier, Juvénis et Albert.

Les savants auteurs du *Gallia christiana*, les frères Sainte-Marthe, firent l'histoire des archevêques d'Embrun sur les manuscrits de Fornier; ce sont eux-mêmes qui le déclarent : *Series autem antistitum Ebredunensium, ex schedis manuscriptis Marcellini Fornier, so-*

---

(2) Jules Ollivier, *Essai sur l'histoire littéraire du Dauphiné*, Revue du Dauphiné, tom. I⁰ʳ, pag. 18.

cietate Jesu presbyteri, exhibemus; qui historiam archiepiscoporum publici juris nundum fecit (1).

Ce témoignage à lui seul en dit assez sur l'utilité et l'importance des travaux de Fornier : nous n'insisterons pas davantage.

§ IV.

Puisque les *Annales ecclesiastici* ne sont qu'une seconde version, qu'un abrégé de la volumineuse *Histoire des Alpes Maritimes*, on se rendrait difficilement compte des motifs qui portèrent Fornier à entreprendre ce nouveau travail et à l'écrire en latin, si on passait sous silence quelques particularités de sa vie qu'il nous reste à faire connaître.

En nous reportant aux dates des deux ouvrages, il aurait écrit son manuscrit latin trois ans après le premier.

(1) Voir le tome I de la première édition du *Gallia christiana*, 4 vol. in-folio, 1656.

Dans sa dédicace et dans l'avis au lecteur, il nous explique ses raisons.

Après avoir signalé à son protecteur les difficultés et les peines qu'il a eues, les voyages qu'il a faits, tant en France qu'en Piémont, les bibliothèques qu'il a visitées, les archives qu'il a dépouillées, il ajoute :

« Quel tort ne me faisait pas celui qui, après mes fatigues et mes veilles, venait clandestinement voler mes recherches dans mes cahiers, comme le frélon soutire à l'abeille son miel dans sa ruche, comme on dérobe à l'oiseau son nid et ses jeunes nourrissons, sa toison au troupeau étranger, imitant en cela les femmes qui se servent d'enfants supposés pour afficher aux yeux de ceux qui ne les connaissent pas une fécondité que la nature leur a refusée ; celui-là ne m'enlevait ni mon or, ni mes richesses, mais il me dérobait cinq années de travaux incessants, qui en représentent douze du travail ordinaire des autres hommes ; il me prenait ces cinq années qui ont plus de valeur à mes yeux que tout l'or du monde ; il cueillait avant moi les fleurs de mon jardin, il coupait mes moissons, il récoltait mes fruits, et, comme un vil plagiaire, se contentant de faire à mon manuscrit français quelques changements sans importance, il ne rougissait pas de l'éditer comme une œuvre nouvelle sortie de sa plume (1). »

C'est avec cette amertume et cette vivacité d'expressions que se plaint Fornier en paraphrasant le *sic vos non vobis* de Virgile. Le trop confiant écrivain avait, sans doute, prêté son manuscrit à un de ces habiles qui savent tirer parti de tout et qui voulait certainement s'approprier son travail. Pour arrêter le plagiaire, il eut recours à un moyen dont nous ne comprenons pas l'efficacité, mais qu'il jugea

---

(1) Qui clandestino meorum codicum, more fucorum, api tegula sua mella subducebat, aliti nidos implumesque pullos, vellera gregi alieno subtrahebat, et sterilium ritu feminarum supositis fœtibus ementiri feconditatem apud exteros cogitabat. Ille, non aurum mihi, vel aurarium vel argentarium abacum, sed quinquennales operas, aliorum segnioribus duodennalibus exequandas, omni mihi pretiosiores auro sublegebat. Hortum meum præflorabat, meam segetem præmetebat, fruges meas præcerpebat, et plagiarios imitatus, modica sermonis immutatione gallici, novum ac proprium veluti fœtum ostentui dare non erubescebat.

nécessaire ; il fit une sorte d'abrégé qu'il écrivit en latin.

« J'ai voulu mettre mon ouvrage en sûreté lorsque, obéissant à vos désirs, j'ai détaché du corps de cette histoire ce qui a trait seulement aux *Annales ecclésiastiques*, et, empruntant un langage plus approprié aux matières religieuses, j'ai fait mon travail en me pliant au génie latin et en me soumettant aux règles de cette langue. J'ai encore voulu le mettre en sûreté lorsque je le déposai entre vos mains en vous le dédiant....... Ce sera donc à vous à défendre votre propriété en opposant à la fraude et à la ruse vos droits et votre autorité, ce sera à vous à protéger votre client...... »

Dans l'avis qu'il donne au lecteur, il revient encore sur ce sujet.

Il l'avertit qu'il a réuni dans un volume abrégé la masse de la grande *Histoire des Alpes Maritimes, Magnæ molem historiæ de Maritimis Alpibus;* qu'un certain plagiaire se *préparait* à publier comme sien un recueil de documents puisés dans ses chapitres (1), et il avoue que le souci de défendre ses productions et de prévenir ce brocanteur, *prœvertendæ hujus famæ nundinatoris,* l'a empêché de retenir plus longtemps ses matériaux en portefeuille.

Mais Fornier évite avec soin de nous dire quel est ce plagiaire, ce brocanteur qui ne rougit pas de le dépouiller. Remarquons que son langage varie. Dans la dédicace, la spoliation paraît un fait accompli, et dans l'avis au lecteur, elle n'est qu'à l'état de menace, *paratus erat.*

Nous avons trouvé dans la copie de Juvénis une explication qu'il est bien difficile d'admettre.

D'après lui, Samuel Guichenon, de Bourg, *avait déjà publié* ses livres de l'*Histoire de Savoie*, et quelques autres; il avait eu moyen de voir l'*Histoire des Alpes Maritimes*, qu'il *transcrivit presque toute dans ses ouvrages,* sans parler de l'auteur ni du livre, ce qu'ayant su

---

(1) In quibus non nemo plagiarius alienis parta laboribus et vigiliis paratus erat, tanquam sua, edere collectanea quæ præcerpserat.

Fornier, il fit les *Annales ecclésiastiques* en octobre 1645, à Carpentras.

Ce serait donc Guichenon qui serait ce plagiaire, ce voleur, ce brocanteur éhonté, et Juvénis va même plus loin que Fornier : il avance, avec une grande témérité, que l'historien de la maison de Savoie avait transcrit presque en entier le manuscrit des *Alpes Maritimes* dans ses ouvrages.

S'il en eût été ainsi, bien certainement Fornier, malgré la réserve que sa profession lui imposait, n'aurait pas manqué de dresser contre Guichenon un acte d'accusation plus direct, et de le nommer en toutes lettres dans son manuscrit latin. Toutefois, l'allégation de Juvénis méritait un sérieux examen, et si invraisemblable qu'elle paraisse au premier abord, il est impossible d'admettre qu'il n'ait pas eu quelque raison pour écrire cela.

Fornier, comme écrivain, était en rapport avec Chorier et avec Guichenon ; nous ne pouvons dire s'il eut des relations avec les frères Sainte-Marthe, avec Bouche et avec d'autres écrivains de l'époque. Ses plaintes ne peuvent s'adresser aux auteurs du *Gallia christiana*;

nous avons vu que ces savants explorateurs avaient indiqué la source à laquelle ils avaient puisé, et leur ouvrage ne parut qu'en 1656. Il en est de même de Bouche, qui n'édita son histoire qu'en 1664, et qui ne traite que très-incidemment les matières de l'histoire d'Embrun, sans oublier de citer Fornier. .

Quant à Guichenon, la chose est plus délicate, et il pourrait bien y avoir quelque chose de fondé dans l'accusation dirigée contre lui.

Nous savons, à n'en pas douter, que Fornier colportait son ouvrage et le prêtait à tous ceux qui lui en faisaient la demande; nous savons aussi qu'il existe une copie manuscrite de l'*Histoire des Alpes Maritimes*, annotée par Guichenon, copie qui se trouve dans une bibliothèque particulière.

Notre savant compatriote et ami, M. de Terrebasse, que nous consultons souvent, et *auquel les détails les plus intimes de l'histoire dauphinoise sont familiers*, comme on l'a dit avec raison, nous a communiqué une lettre de Chorier à Guichenon, qui est importante au débat.

Elle est inédite et, dès lors, doublement intéressante; la voici :

« A Monsieur Guichenon, chevalier de l'ordre de Saint-Lazare, conseiller et historiographe du roi et de son Altesse royale de Savoye à Bourg.

« ....Je ne refuse pas les inscriptions que vous me proposez, mais je vous aurais une obligation plus parfaitte si vous vouliez m'accorder une grace que j'aprehende de vous demander. *Je sçay que vous avez le manuscrit du P. Marcellin Fornier* et je ne sçay pas à quoy il pourroit vous estre utille. Ce bonhomme, quelque temps avant que d'aller à Bourg, où il est mort (1), avoit conféré avec moi et je lui avois conseillé de ne point publier son ouvrage en nostre langue. Il auroit suivy mon conseil et avoit commencé à le traduire en latin quand il mourut. Je négligeai alors de m'instruire avec lui de beaucoup de particularités

---

(1) Ce passage de la lettre de Chorier confirme ce que le Père Léotaud écrivit à Juvénis sur le lieu ou Fornier était allé mourir.

qu'il avoit estudiées, et je vous avoue que son travail retrancheroit beaucoup de celluy qu'il faudra que je prenne pour les mêmes matières qu'il a traittées. Si vous me faites la faveur de me le communiquer, je vous en serai redevable, *nec illaudatus abibis*. Celluy de qui vous le tenez ne m'auroit pas refusé cette grâce si le présent qu'il vous en a fait ne l'avoit mis dans l'impuissance de me l'accorder.

« Grenoble, le 2 janvier 1660. »

Les souvenirs de Chorier lui font ici défaut ; il pense que Fornier serait mort avant d'avoir terminé ses *Annales ecclésiastiques*, et cependant, onze ans avant cette lettre, en 1649, il consignait dans ses *Adversaria* qu'il fut cause que Fornier mit en latin son *Histoire ecclésiastique*, et qu'il lui en avait donné le conseil.

« *Gallice Fornerius scripserat commentarios suos de Maritimis Alpibus, et rebus gestis Ebredunensium antistitum, auctor illi in latinum convertendi sermonem, quæ gallice fuerant scripta, fui, et consilio obsecutus est meo* (1). »

(1) Les *Adversaria* ou *Mémoires en latin de la vie de*

Chorier se garda bien de dire à Guichenon dans quel but il avait conseillé à Fornier d'écrire son histoire en latin, et si le motif que ce dernier nous en donne dans sa dédicace est vrai, on est forcé de conclure, d'après l'aveu de Chorier, que c'est lui-même qui lui donna l'éveil sur les audacieuses tentatives de Guichenon, dont il avait pu voir les manuscrits.

Les appréhensions de Chorier se réalisèrent ; il paraît que l'historien de la maison de Savoie ne répondit pas favorablement à sa demande : nous ne pensons pas qu'il ait jamais eu sous les yeux le manuscrit du *bonhomme*, car il ne le cite pas une fois dans ses ouvrages.

Il demeure donc constant que Guichenon fut possesseur du manuscrit de Fornier. La lettre de Chorier, les accusations vagues de l'auteur, celles, plus précises, de Juvénis, la copie annotée par Guichenon, sont autant d'indices contre lui.

Cet écrivain a été bien souvent attaqué, et

Chorier, ont été imprimés dans le IVe volume du *Bulletin de la Société de Statistique de l'Isère*. Grenoble, 1846, pag. 145.

l'accusation de plagiat est une de celles qu'on a renouvelées le plus souvent. Varillas avait affirmé qu'il avait copié mot pour mot le provéditeur Nani, dans son *Histoire de Savoie* (1); mais on a fait remarquer, avec raison, que l'histoire de Nani ne parut qu'en 1662, deux ans après celle de Guichenon; que, s'il y a plagiat, il peut être difficilement imputé à ce dernier.

L'attaque de Fornier était si vive, celle de Juvénis si formelle et si précise, que nous avons cru un instant avoir en mains une des preuves que les ennemis de Guichenon ont recherchées avec tant d'ardeur contre lui; une chose toutefois nous embarrassait : nous savions que l'*Histoire de la Bresse* n'avait paru qu'en 1650, et celle de la maison de Savoie, en 1660; il était, dès lors, difficile de comprendre que Fornier pût se plaindre, en 1645, d'un plagiat qui ne devait être divulgué que quelques années plus tard. Quant à Juvénis, son erreur était si grossière sur ces points de bibliographie, qu'elle nous inspira des doutes.

(1) Varillas, *Histoire de l'hérésie*, préface du tome III.

En 1645, Guichenon n'avait publié que peu de choses. Sa chronologie, intitulée *Episcoporum Bellicensium chronologica series*, parut en 1642; elle fut reproduite plus tard dans l'*Histoire de Bresse*. En 1645, il fit imprimer le *Projet de l'histoire de Bresse et de Bugey*, et en 1653, son *Dessein de l'histoire généalogique de la maison de Savoie*. Mais ces deux dernières publications n'avaient que quelques pages; c'était ce qu'on appelle de nos jours un prospectus.

Ce n'est donc point là que l'*Histoire des Alpes Maritimes* put être imprimée *tout entière*, comme le dit Juvénis.

Nous avons fait des recherches, particulièrement dans les *Histoires de Bresse et de Savoie*, et nous devons avouer que nous n'avons pas trouvé la moindre trace de plagiat; si le plagiat existe, il est de peu d'importance et nous a échappé. Nous n'avons pas été à même de faire cette recherche dans les autres ouvrages de Guichenon, imprimés ou manuscrits : sur ceux-là nous ne pouvons nous prononcer.

Ajoutons, pour tout dire, que vers la même époque existait un historien, Pierre Gioffredi, qui a donné une *Histoire de Nice*, et qui avait laissé manuscrite une autre histoire, intitulée *Storia delle Alpi Maritime,* qui n'a été imprimée qu'en 1839 (1). Fornier pouvait-il avoir entendu parler de ce manuscrit? C'est fort douteux (2), bien qu'il y soit beaucoup plus question d'Embrun que dans l'histoire de Guichenon, et bien que l'auteur annonce dans sa préface qu'il avait été en correspondance avec Guichenon, Bouche, Pagi et autres savants du temps.

Voici maintenant les conjectures que l'on peut faire sur ce point obscur.

La date du manuscrit latin, 1645, peut n'être pas sérieuse; Fornier a pu antidater son travail pour s'assurer de la priorité qu'on semblait vouloir lui ravir.

Les *prospectus* des *Histoires de Bresse et de Savoie* avaient pu lui inspirer des inquiétudes. La chronologie qui parut en 1642 devait-elle être suivie de celle des archevêques d'Embrun? Chorier était homme à l'alarmer et à lui

(1) *Monumenta Historiæ patriæ,* edita jussu regis Caroli Alberti, in-fol. Turin, 1839, tom. III.

(2) Gioffredi était trop jeune, en 1645, pour avoir fait son histoire.

faire croire que Guichenon se préparait à la publier.

De son côté, Guichenon avait, sans doute, appris avec quelle énergie le bonhomme protestait contre le plagiat, et, s'il avait sérieusement les projets qu'on lui prête, il a dû les abandonner et retrancher de son manuscrit tout ce qu'il avait emprunté à Fornier. On sait avec quelle lenteur il publia son *Histoire de Savoie*, avec quelle impatience elle était attendue, si on en juge par la lettre que lui écrivait Salvaing de Boissieu, le 12 juillet 1659 : « Je ne sçay pourquoy l'on diffère tant la publication de vostre *Histoire de Savoye* (1). »

Enfin, une dernière hypothèse, qui pourrait bien être la meilleure, car elle est la plus vraisemblable :

Guichenon avait réuni pour ses études de nombreux documents historiques. La bibliothèque de la ville de Bourg en a conservé deux recueils in-quarto, et celle de l'École de mé-

---

(1) Lettre communiquée par M. de Terrebasse à la *Revue des Alpes*, n° du 28 janvier 1860, pag. 243.

decine de Montpellier *trente-quatre* volumes in-folio.

Ne trouverait-on pas dans cet arsenal les documents empruntés à l'*Histoire des Alpes Maritimes*? Ne serait-ce point là qu'elle *aurait été copiée tout entière*?

§ V.

Nous sommes arrivé au terme de notre tâche. Notre notice est longue, trop longue peut-être, si on la compare aux biographies laconiques qui ont été consacrées à notre historien et si on la mesure à sa renommée. Nous avons cru devoir nous livrer à toutes ces recherches bibliographiques dans l'intérêt de l'histoire littéraire de notre pays. C'est aux bibliophiles dauphinois qu'elles s'adressent; c'est pour eux que nous les avons écrites et nous espérons qu'ils les liront avec intérêt.

Les chroniqueurs et les historiens du Dauphiné sont bien peu nombreux; nous n'avons point eu pour l'Embrunois l'embarras du choix, nous n'avons point cédé à un entraînement ou à une préférence calculée. Des circonstances fortuites nous ayant mis les manuscrits de Fornier entre les mains, nous les avons assez étudiés pour les connaître; comme Albert nous nous en sommes beaucoup servi dans notre travail sur Notre-Dame d'Embrun, et c'est par reconnaissance pour leur auteur que nous lui avons consacré cette étude.

Dans l'ordre chronologique, Fornier doit prendre rang après Aymar du Rivail, avant Chorier, Salvaing de Boissieu et Valbonnays, et au point de vue de l'importance de ses travaux, son nom est digne de figurer à côté des leurs. Si les larges emprunts qu'on lui a faits et qu'on lui fera encore rendent peu probable l'impression de ses manuscrits, nous espérons, au moins, que notre travail n'aura pas été inutile à sa mémoire.

RECHERCHES HISTORIQUES

SUR LE

PÈLERINAGE DES ROIS DE FRANCE

A

NOTRE-DAME D'EMBRUN.

CHAPITRE PREMIER.

Préliminaires. — Coup-d'œil général. — L'église d'Embrun, son architecture. Elle a été fondée par Charlemagne. — La bulle de Victor II. — Opinion des historiens. — La tradition est constante sur cette fondation. — Restaurations successives. — Intérieur de l'église : tableaux, autels, chapelle de Sainte-Anne.

Le pèlerinage à Notre-Dame d'Embrun a compté parmi les plus célèbres de la chrétienté. Pendant trois siècles on vit les populations accourir de tous les points du monde catholique, de la France, de l'Italie et des pays d'outre-mer, pour invoquer la Vierge qui opérait des prodiges. Les rois de France sont venus s'agenouiller devant elle, et, comme le roman, l'histoire nous a conservé le souvenir de la dévotion toute particulière que l'un d'eux avait vouée à la divine thaumaturge.

Depuis 1320 jusqu'en 1585, le concours des fidèles fut si considérable, que pendant ces trois siècles, cent prêtres suffisaient à peine à l'empressement des pèlerins et aux besoins du culte.

L'archevêché d'Embrun puisait dans cette pieuse renommée une importance considérable. Son clergé était puissant, le trésor de son église éblouissant et splendide ; le pauvre y déposait tous les jours son obole, et le riche lui prodiguait ses largesses. Dans la cathédrale, la pompe religieuse égalait pour ainsi dire celle de l'église romaine, et lorsque nos rois de France s'avançaient à travers ces montagnes, avec de faibles escortes, à petites journées, lorsque, harassés des fatigues de ce long voyage, quelquefois couverts de poussière, ils faisaient leur entrée dans cette ville d'Embrun, on ne savait lequel était le plus puissant, ou de ce monarque qui venait s'humilier devant la reine du ciel, ou de cet archevêque qui le recevait avec une princière magnificence.

La fin du XVIe siècle marqua la chute de cette grandeur ; les soldats de Lesdiguières détruisirent l'image de la Vierge miraculeuse ; ils saccagèrent l'église et l'archevêché et en dispersèrent les richesses; plus tard, la révolution chassa le dernier pontife, et, tout récemment, le feu du ciel foudroyait la vieille basilique.

Aujourd'hui, au bruit de la pieuse foule a succédé un morne silence; à la richesse, la pauvreté; à la majesté de l'édifice, la ruine et la dégradation, et l'antique métropole fondée par Charlemagne élève vers le ciel ses bras mutilés. La veuve délaissée attend avec résignation la restauration du vieux clocher qui la domine, et la réparation de l'injuste oubli dans lequel sa mémoire paraît être tombée (1).

Outre les questions que nous venons de faire pressentir, le sujet qui nous occupe en soulève d'autres qui appartiennent exclusivement au domaine religieux; nous n'y toucherons pas, nous avons hâte de le dire, ou si nous le faisons, ce sera avec la plus grande réserve, pour le besoin de la cause, et uniquement au point de vue historique et chronologique. Nous insisterons plus particulièrement sur des questions controversées ou obscures relatives à la fondation de la cathédrale et de la chapelle ou portique qu'on appelait le *Grand Réal*, sur la nature et l'ordonnance

---

(1) Au moment où cette édition s'imprime, on met la première main à la reconstruction du clocher.

de l'image miraculeuse, et sur d'autres qui s'y rattachent.

Ajoutons que lorsque nous parlerons du pèlerinage des rois de France, nous rechercherons tous les détails inédits de leur arrivée, de leur séjour, de leurs passages et des circonstances au milieu desquelles leur voyage s'est accompli. Enfin, nous ferons le dénombrement des richesses de cette église avant la destruction de l'image vénérée; nous raconterons la prise d'Embrun, le pillage du trésor de Notre-Dame, et nous comparerons les ornements sacerdotaux qui existent encore avec ceux qui lui furent ravis.

On le voit, cette étude est de nature à attirer l'attention de tous ceux qui s'occupent de nos antiquités nationales et de notre histoire ; elle embrasse des questions qui n'ont pas encore été traitées jusqu'à ce jour, ou qui l'ont été d'une manière incomplète. La grandeur et la variété du sujet auquel se rattachent les souvenirs les plus intéressants de ce pays nous ont séduit; il nous a semblé utile de lui consacrer quelques loisirs et d'apporter ainsi notre pierre à la construction à peine commencée de l'édifice historique de cette curieuse contrée.

Quand on visite l'église d'Embrun, une chose frappe tout d'abord l'étranger, c'est le défaut d'ensemble que présente l'édifice. On voit qu'il n'a pas d'unité, et cependant le monument n'est pas disgracieux, il a même quelque chose d'imposant qui attire l'observateur. Il n'accuse pas les formes hardies, élancées, ces ornementations multiples et bizarres que le maître de l'œuvre versait avec plus de profusion que de goût dans nos cathédrales gothiques, et qui cependant faisaient un tout imposant de ces mille fantaisies capricieuses : il se présente avec la forme plus simple et un peu alourdie du procédé que l'Orient avait légué à nos pères. Mais ce style n'est pas conservé dans toute sa pureté : çà et là apparaissent des détails d'architecture qui dénotent une époque plus récente.

Le style roman byzantin et le style gothique, l'ogive et le plein cintre, semblent s'y disputer leur empire, et comme le fait remarquer très-judicieusement un écrivain qui s'est occupé de cette question avant nous, les diverses dates de la construction se trouvent écrites sur le mur extérieur, dans la couleur des pierres nouvelles, qui tranchent avec les anciennes, et dans ce qu'on pourrait appeler le point de suture qui lie les deux appareils (1).

(1) Marigny, *Album du Dauphiné*, tom. III, pag. 143.

En effet, si la basilique remonte au IX⁰ siècle, comme nous le croyons, comme nous l'enseigne l'histoire, comme le proclame une tradition constante de mille ans, on ne peut se le dissimuler toutefois, elle a reçu dans les siècles précédents des réparations, des remaniements, des additions, dont il est à peu près impossible de fixer l'époque précise, et la difficulté semble encore s'accroître par cela même que les divers artistes et architectes paraissent dans leurs raccordements avoir voulu donner à l'édifice une sorte d'ensemble, en conservant le même style et en imitant autant que possible les formes et les procédés primitifs.

L'église d'Embrun a été construite vers le IX⁰ siècle; elle a subi d'importantes restaurations du XI⁰ au XIV⁰. C'est vers le XIII⁰ siècle qu'il faudrait faire remonter la construction de la façade, celle du portail latéral et du clocher. L'abside elle-même, quoique appartenant à la période romane-byzantine, et affectant la forme semi-circulaire qui est propre à cette époque, a été soudée après coup au corps principal de l'édifice; elle paraît avoir été agrandie: les points de raccordement sont là, plus que dans toute autre partie, visibles à l'œil le moins exercé.

Ce qui paraît acquis à l'histoire, le voici:

Un édit de Constantin-le-Grand fit d'Embrun une métropole ecclésiastique ; l'empereur Théodose aida saint Marcellin à bâtir une église ; Charlemagne, cinq siècles après, la fit reconstruire en lui laissant une part de ses trésors.

Fleury constate qu'Embrun figurait au nombre des vingt-une métropoles qui devaient se partager les trésors que Charlemagne leur avait légués par son testament (1) ; dès lors, la tradition qui veut que l'édifice ou partie de l'édifice aujourd'hui debout ait été construite par le grand empereur, est en cela d'accord avec l'histoire. Ce point, qui paraît à l'abri de toute controverse, reçoit en quelque sorte une nouvelle constatation dans un des précieux monuments de l'histoire d'Embrun : nous voulons parler de la bulle du pape Victor II de l'an 1057 ou 1058 ; la date précise, qui pourrait être débattue et difficilement établie (2), ne fera rien pour la démonstration à laquelle nous voulons nous livrer.

(1) Fleury, *Hist. ecclésiastique*, liv. 45.

(2) On sait, en effet, dans quelles erreurs les écrivains sont tombés en matière de chronologie ; les années caves ou incomplètes, les variations du point de départ en ont été la cause. Ainsi, Fornier, qui a donné cette bulle, discute les dates de 1057 et 1058, et son manuscrit constate qu'elle fut publiée la *troisième année* du pontificat de Victor II. Or,

Le pape Victor II, que l'histoire nous représente comme ayant essayé avec les plus louables efforts de réprimer la simonie en France, confirma par la bulle dont nous venons de parler l'élection de l'archevêque Viminien, et l'engagea en termes les plus pressants à relever l'église d'Embrun de l'abaissement dans lequel les malheurs du temps l'avaient plongée. Il la lui montre rongée par l'hérésie, souillée par la simonie, le crime et l'assassinat; il le charge d'opposer une digue à la dissolution des mœurs et à lui rendre, par des exemples d'austérité, de piété et de vertu, le rang qu'elle avait perdu dans la catholicité. Voilà pour le spirituel. Quan au temporel, il lui donne pour église métropolitaine la basilique dédiée à la Vierge, et *ad episcopalem sedem basilicam Dominæ nostræ genetricis semperque Virginis Mariæ princi-*

---

s'il faut en croire les auteurs, ce pape n'aurait été élu qu'en 1055, et serait mort deux ans après, en 1057. On s'est gravement trompé sur la durée de l'épiscopat de Viminien. Nous renvoyons le lecteur à l'Histoire de l'abbaye de Saint-Barnard, par M. Giraud de Romans : il pourra consulter au 2e volume les chartes n°s 13, 16, 20, 22, 39 *bis*, 55, 65, 66, 195, 225, et l'*Essai historique sur la ville d'Embrun*, par l'abbé Sauret, supérieur du petit séminaire. Gap, Delaplace, 1860, pag. 71 et suiv.

palem cum omni sua antiqua et justa pertinentia..; avec tous ses anciens droits, appartenances et dépendances, les baptistères, les églises, les chapelles conventuelles, les cimetières, les territoires seigneuriaux et villages, châteaux, pâturages, terres labourables, vignobles, forêts, eaux, cours d'eaux, étangs, pêcheries, maisons, serfs et colons, et tous les droits mobiliers et immobiliers qui y sont attachés (1).

Il y avait donc au milieu du XIe siècle, et c'est ce qu'il faut retenir, une basilique principale, une église dédiée à la Vierge, et c'est cette église que Victor donne pour métropole à Viminien. Par qui avait-elle été fondée? Dans quel état se trouvait-elle au moment où Victor II octroyait cette bulle? Le langage de ce pape est clair et précis en parlant de l'église d'Embrun : *Quondam religione et opibus mirabiliter erectam*, temple d'une construction admirable, bâti jadis à grands frais par la foi; une autre version de cette bulle porte : *Quondam religione et*

---

(1) ...... In baptismatibus, ecclesiis, capellis, monasteriis, cœmeteriis, possessionibus et villis, castellis, pascuis, agris, vineis, silvis, aquis aquarumque decursibus; piscariis, domibusque, mancipiis, colonis et cum omnibus rebus mobilibus et immobilibus... ...

opibus mirabiliter ornatam et integram (1). Autrefois intacte, entière et somptueusement ornée, maintenant misérable, ravagée par les Sarrasins, souillée par l'hérésie, le meurtre et la simonie : *Incursione et pervasione Sarraceno-rum (2), simoniaca heresi, et mutua occisione prostratam miserabiliter, et corruptam.*

Plus loin, le pape la dépeint comme n'ayant d'une église que le nom, et commençant à étaler la misère et la dégradation de ses murailles : *Et ecclesiæ vix nomen ipsum nudum retinente, et parietinas* (3) *suas jam demonstrante.*

A quel édifice faisait allusion le pape Victor ? Sans doute à l'église de Charlemagne, élevée deux siècles avant son pontificat, *mirabiliter erectam opibus,* admirablement bâtie avec les trésors de l'Empereur, ou *mirabiliter ornatam,* enrichie par ses dons. Voudrait-on prétendre que ces mots s'appliquent à l'église être moral, à l'église association des fidèles? Ce serait une étrange interprétation qui ne mérite

(1) Cette version est celle adoptée par les auteurs du *Monumenta patriæ.*

(2) La présence des Sarrasins dans ces contrées est ici constatée d'une manière qui ne permet plus de doute.

(3) *Parietinæ,* id est *parietum ruinæ.* Gloss. de Du Cange ; la ruine des murs extérieurs, des cloisons : masures.

pas qu'on s'y arrête. Le mot *ecclesia* désigne le plus souvent le bâtiment, l'édifice religieux qui porte le nom d'église ; c'est ici évidemment à l'édifice qu'il faut rapporter ces mots : *erectam* ou *ornatam et integram, prostratam pervasione Sarracenorum*, renversée et souillée par les hordes sarrasines ; *parietinas jam demonstrante*, étalant ses masures, ses ruines ; *vix ecclesiœ nudum nomen retinente*, bâtiment n'ayant d'une église que le nom.

Laissons donc une discussion oiseuse; ce qu'il faut ne pas perdre de vue, c'est que sous le pape Victor il y avait à Embrun une basilique dédiée à la mère de Dieu, c'est que ce pontife la donne pour métropole à Viminien, c'est qu'il la lui donne avec les autres églises et chapelles qui en dépendent. Donc les ravages des Sarrasins n'avaient pas tout anéanti, donc il restait encore des monuments dévastés, pillés sans doute, mais la destruction n'avait pas été entière. Les historiens nous apprennent en effet que vers 916 les Sarrasins entrèrent en vainqueurs dans la ville d'Embrun, qu'ils égorgèrent l'archevêque, démolirent une portion de l'église, brûlèrent les palais, et pendant près de trente ans firent peser sur ce malheureux pays la plus cruelle oppression.

L'archevêque Viminien pendant son épiscopat, ou ses successeurs, n'eurent à opérer qu'un travail de consolidation et de restauration. Disons aussi que l'architecture du IX⁰ au XII⁰ siècle ne présente que peu de différences, et qu'alors le style roman-byzantin régnait en maître presque absolu. Ainsi, soit qu'on admette Charlemagne comme le constructeur de l'édifice, soit qu'on réserve cet honneur à Viminien ou aux successeurs les plus rapprochés de son pontificat, on se trouvera en présence du même procédé architectonique. Si on le leur refuse à tous les deux, il faut effacer de la bulle de Victor II les mots : *Basilicam principalem Dominæ nostræ Virginis Mariæ* ; ceux-ci encore : *Quondam mirabiliter erectam* ou *ornatam, prostratam, corruptam, parietinas demonstrante*, et admettre qu'il n'y avait point d'église dédiée à Notre-Dame, qu'elle n'avait pas été bâtie avant 1057, ou que l'archevêque Viminien et ses successeurs ne tinrent aucun compte des prescriptions du souverain pontife, et, loin de restaurer la basilique, laissèrent consommer la destruction.

Passons à une autre série de preuves, car on a voulu soutenir que l'église d'Embrun était d'une construction plus récente, sans toutefois assigner une date précise à sa fondation. Nous ne voulons pas bâtir de systèmes archéologiques, ce n'est point de notre compétence ; nous voulons seulement nous appuyer sur les textes et les discuter; nous confesserons volontiers qu'en cette matière nous préférons l'histoire, même la tradition, à des partis pris qui conduisent presque toujours à des résultats décevants.

Voici ce que dit Marcellin Fornier (1) :

« La libéralité que Charlemagne fit à l'église d'Embrun par son testament m'oblige de dire que c'est ce monarque vraisemblablement qui est le fondateur de l'église de Notre-Dame de cette ville, puisqu'on employa cette largesse à la construction de ce bel édifice que l'on voit encore en son entier et qui ne peut être qu'un ouvrage d'une puissance telle qu'estoit celle de cet incomparable prince. A quoy il faut ajouter que la tradition ancienne de la ville d'Embrun tient pour *constant* que Charlemagne a esté le fondateur de cette église : ce qui est encore appuyé par ce qui est dit par une charte de 1490, du temps de Charles VIII, et parce que les autres églises voisines qui ont des ouvrages approchant à celuy-ci sont persuadées qu'il a été construit

(1) *Histoire des Alpes Maritimes* p 217.

du fonds de ce don que cet empereur avait fait par son testament. »

Nous ne savons pas ce que c'est que cette charte de 1490, nous ne l'avons point trouvée ; mais comme elle ne pouvait que constater la tradition qui paraissait alors *constante* d'attribuer à Charlemagne la fondation de cette église, nous citerons comme preuve équivalente un passage d'une pièce de vers qui fut lue en 1489 au même Charles VIII, lorsqu'il vint en pèlerinage à Embrun et qu'il fit son entrée dans cette ville :

> Si le grand Charlemagne fit faire le fondement
> De ton temple, ô Royne......

lui dit le poète anonyme qui, dans cette circonstance, se faisait l'organe de l'opinion publique.

Ainsi donc, cette tradition était établie au XVe siècle.

Le docteur Albert, dans son *Histoire du diocèse d'Embrun*, n'hésite pas à attribuer cette fondation à Charlemagne (1). M. Ladoucette est de cet avis (2) et fait remarquer avec beaucoup de raison que pour ériger un tel monument dans un pays

---

(1) *Histoire ecclésiastique du diocèse d'Embrun*, par Albert de Chantemerle, tom. 2, pag. 75 et 338.

(2) *Histoire des Hautes-Alpes*, 3e édit., p. 37 et 38.

pauvre, il fallait le bras puissant des souverains.

Enfin, tout récemment encore, un écrivain consciencieux, plein d'érudition et de savoir, traçait ces lignes que nous sommes heureux de pouvoir reproduire, car, outre qu'elles sont d'une main amie, elles nous paraissent résumer le débat avec un grand bonheur d'expression et d'une manière parfaitement juste :

« Bâti, il est vrai, sous l'archevêque saint Bernard Ier au moyen des largesses de l'empereur Charlemagne, cet auguste monument était au temps de Viminien tellement déchu de ses splendeurs qu'il ne méritait presque plus le nom d'église et n'étalait encore à l'œil désolé que d'affligeantes ruines. L'église a donc été primitivement édifiée au temps de saint Bernard. Mais presque entièrement détruite par les Sarrasins barbares, elle fut réparée sous les successeurs de l'archevêque Viminien, et dès lors l'archéologie, en lui assignant pour date de sa restauration le XIe et le XIIe siècle, cesse d'être en opposition avec l'antique croyance répandue dans nos contrées, que Notre-Dame d'Embrun remonte à Charlemagne (1). »

(1) *Essai historique sur la ville d'Embrun*, par l'abbé Sauret, pag. 74 et 75.

En s'appuyant sur l'autorité de ces textes, sur la tradition, sur les historiens que nous venons de citer, on peut donc soutenir avec raison que la basilique d'Embrun a été fondée par Charlemagne, qu'elle a été restaurée par Viminien ou ses successeurs. Nous verrons plus tard qu'au XVIe siècle elle avait encore besoin d'importantes réparations, et une bulle de Léon X nous fournira de précieux documents à ce sujet.

Mais si quelques écrivains ont tenté d'enlever son antique origine à ce sanctuaire vénéré, s'ensuit-il que l'archéologie ait dit son dernier mot par leur organe? Non, sans doute. Loin d'être de cet avis, nous croyons au contraire qu'on pourrait leur opposer victorieusement la très-bonne étude qui a été publiée par M. Marigny, dans laquelle il discute cette question et donne d'excellentes raisons que nous ne voulons pas reproduire, nous bornant principalement à l'examen des textes.

Nous ne ferons donc point de dissertation sur les différents caractères des deux architectures; nous laisserons à Charlemagne l'honneur de la fondation première; nous dirons que les monuments religieux de l'époque carlovingienne ne sont pas rares en France. On peut soutenir, sans trop s'aventurer, qu'une partie du corps extérieur de l'édifice est l'œuvre de Charlemagne; qu'il a été repris sur d'anciens murs; que la façade, au contraire, est un mélange de roman et de gothique (1); que l'abside, bien que présentant les formes de l'architecture romane bysantine pure, ne peut pas remonter au IXe siècle, que des différences essentielles la séparent du reste du monument; qu'en effet les fenêtres dont elle est percée tranchent complètement avec les autres par leur ornementation et leur ouverture; que celles de la nef occidentale sont basses, étroites, qu'elles s'ouvrent en quelque sorte comme des meurtrières et ne laissent pénétrer le jour qu'avec une sorte de parcimonie, tandis que les autres, au contraire, le versent avec une profusion qui enlève au sanctuaire cet aspect mystérieux et sombre, plein de majesté et qui prédispose si bien au recueillement. Nous dirons

(1) A l'appui de cette opinion d'une restauration importante au XIIe ou XIIIe siècle, citons ce que dit Fornier en parlant d'un acte signé en 1211 dans la *nouvelle église* par un chevalier Agnel : « C'estoit possible celle de Nostre-Dame qui estoit *nouvelle* en comparaison de celle de Saint-Marcellin, à moins qu'en ce tems là on en eût construit fraichement quelqu'une. » Cette église nouvelle était probablement la cathédrale, puisque c'était dans la cathédrale que le traité se signait, traité contenant donation au profit de cette église.

encore que le clocher a été bâti sur la voûte avec une hardiesse qui en fait aujourd'hui le danger; que la soudure est très-apparente, que les pierres qui ont servi à sa construction, à celle de la façade et de la voûte, ne ressemblent en rien à celles du corps de l'édifice; que sur cette façade et dans la voûte les architectes se sont plu à reproduire une ornementation familière aux Italiens : nous voulons parler de ces mosaïques ou damiers que l'on obtient en alternant des pierres de différentes couleurs ; que la rose qui décore cette façade est magnifique; enfin, que, du côté de l'orient, la chapelle de Sainte-Anne, construite au XVIe siècle dans toute la longueur du monument, du nord au midi, n'a pas de correspondant dans la partie occidentale, et que ce défaut de symétrie imprime à l'édifice une sorte d'inégalité.

Nous bornerons là nos observations sur l'aspect extérieur de cette église, et pour nous résumer nous mettrons au jour, au risque de nous répéter, la description qu'en faisait, il y a plus de deux siècles, Marcellin Fornier lui-même, description naïve restée enfouie dans son manuscrit :

« Je n'ai pas dessein de faire la peinture de cette église, ny de représenter en détail tout ce qu'il y a de beau dans son architecture. Je me contente seulement de dire que la structure du clocher est merveilleuse, que c'est pour ainsi dire une masse suspendue qui n'occupe rien dans l'église et qui est seulement appuyée sur les deux murailles du coin d'en bas qui est à main droite, et sur les piliers qui soutiennent la voûte; que cette voûte est construite de pierres qui sont naturellement colorées et que ces pierres différentes en couleur sont disposées si juste qu'il semble que ces couleurs sont peintes et nullement naturelles; que l'on voit la même chose dans les fenêtres, surtout dans ce *grand jour* qui est sur le haut de la muraille vers la petite entrée, où paroît un ouvrage admirable fait en forme de rose avec de petites colonnes, qui montre la magnificence de l'édifice, et que le fondateur n'y avoit épargné ni les marbres, ni les jaspes, ni tout ce qui pouvoit faire juger que c'étoit une œuvre digne d'un grand monarque et de la dignité de cette église. »

Évidemment, Fornier se trompe en attribuant à Charlemagne la construction de la façade dans laquelle se trouve le *grand jour en forme de rose avec de petites colonnes*. Les belles rosaces ne se rencontrent pas dans les constructions du IXe siècle ; ce n'est qu'à partir du XIIIe qu'elles affectent ces proportions grandioses qui sont aujourd'hui pour nous un sujet d'étonnement. Ne perdons pas de vue que si la voûte est faite en pierres de différentes couleurs, l'épais badigeon qui la recouvre aujourd'hui ne permet pas au visiteur de distinguer cette particularité que Fornier nous signale.

Si nous pénétrons à l'intérieur, nous trouverons, plus vive et plus apparente, cette lutte entre le roman et le gothique. Nous verrons des colonnes carrées, massives, à soubassements, soutenant, d'un côté, la voûte en ogive de la grande nef, et de l'autre, les voûtes à plein cintre des nefs latérales.

Les chapiteaux de ces colonnes sont ornés de dessins bizarres, figurant des cœurs, des faces grimaçantes et monstrueuses, des sujets fantastiques qui ne se trouvent nulle part dans la nature, des sortes de guirlandes entrelacées, quelques imitations grossières et rudimentaires de la feuille d'acanthe.

L'ogive elle-même y présente des caractères singuliers ; elle est quelquefois indécise, surbaissée, irrégulière dans sa forme, onduleuse et courbée dans ses lignes.

Contre les murs de la basilique se montrent à chaque pas des témoignages de sa grandeur passée; ils sont, en quelque sorte, tapissés de nombreux ex-voto, de vieux tableaux sur bois, dont l'antiquité est le mérite principal. Beaucoup d'entre eux représentent des saints et des saintes, et surtout des archevêques et des cardinaux qui ont occupé le siége d'Embrun.

Deux de ces tableaux méritent une attention toute spéciale : dans celui qui se trouve placé vers la porte allant à la sacristie et représentant la naissance de saint Jean, l'artiste s'est livré à une excentricité de mauvais goût que l'on rencontre bien rarement; il a peint sur le premier plan la Vierge Marie dans un état de grossesse très-avancée et trop apparente; l'autre, qui est accroché au mur de la façade, près des fonts baptismaux, a pour sujet Jésus discutant avec les docteurs dans le temple. La bizarrerie des costumes que portent les personnages et l'ordonnance du tableau méritent un examen attentif: costumes et dessin, tout rappelle le XIVe siècle.

Signalons aussi les orgues données par Louis XI, auxquelles on arrive par un escalier pratiqué dans une tour polygonale et une galerie en bois ornée de sculptures gothiques. En face et adossé à un pilier de l'église, est une sorte de petit rétable en marbre, au-dessus duquel se trouve une grossière figure, qu'on dit être celle de saint Marcellin. La présence de cette sculpture en cet endroit porterait à croire que c'était là que s'enfermait ou qu'on exposait la riche statue d'argent massif du patron de la ville d'Embrun dont nous parlerons plus tard.

L'autel de la Vierge, qui se trouve adossé au mur de la nef orientale, en face de la grande porte latérale, est d'une construction récente ; il rappelle le goût des XVIe et XVIIe siècles, époque à laquelle on construisait des rétables énormes, véritables édifices dans un autre, accompagnés de colonnes, de pilastres et de frontons. Il est à présumer que cet autel fut construit au commencement du XVIIe siècle, lorsque Lesdiguières rendit sa métropole à Guillaume d'Avançon.

Enfin, pour terminer, signalons au visiteur le grand autel fait en marbre précieux, la chapelle de sainte Anne avec ses rétables en bois sculptés ; celui du fond, surtout, peut passer, à juste titre, pour une merveille de menuiserie de la fin du XVIe siècle ; il a été fait, dit-on, par les pères capucins établis à Embrun ; les panneaux sur lesquels ont été représentés quelques épisodes de la vie de saint François d'Assise, sont d'une exécution digne de remarque.

Telles sont les observations sommaires que

nous avons cru devoir présenter au début de cet ouvrage sur le sanctuaire vers lequel nos pères accouraient de toutes parts. L'histoire populaire de ce pèlerinage présenterait, sans doute, des détails intéressants ; le récit des miracles opérés pendant trois cents ans serait de nature à séduire l'imagination des âmes poétiques et pieuses; la manifestation de la foi ardente de nos aïeux a quelque chose de grand et de noble dans sa simplicité ; mais nous laissons à d'autres le soin de cette tâche pour laquelle nous confessons volontiers notre insuffisance et notre indignité. Ce n'est point un livre de piété que nous avons entrepris. Nous ne montrerons point le pauvre pèlerin traversant la France en demandant sur son chemin le pain de l'aumône, s'acheminant, le bourdon à la main, à travers les défilés de ces montagnes, entrant dans la cité couvert d'une longue chemise de toile, les pieds nus, portant une torche de cire et chantant les louanges de Dieu (1). Ce récit est celui de tous les pèlerinages célèbres. Nous avons choisi pour notre sujet les points qui se rattachent à l'histoire générale de la France et à celle de la province du Dauphiné ; nos voyageurs seront des

---

(1) Le *Livre des miracles* nous apprend que c'était ainsi que se présentaient un grand nombre de pèlerins.

rois, tels que Louis XI, Charles VIII, Louis XII, François I*er*, Henri II et Louis XIII.

Un chapitre tout entier, consacré à Louis XI, nous donnera sur la vie dévote de ce monarque et sur ses relations avec le chapitre d'Embrun des détails ignorés qui piqueront la curiosité; nous verrons ce monarque, le premier qui se fit appeler *roi très-chrétien*, pour lequel la Vierge était l'objet d'un culte particulier, qui avait inventé, dit-on, pour elle, la prière appelée l'*Angelus*, qui l'avait créée comtesse de Boulogne, qui ne méditait pas un acte de cruauté sans avoir au préalable invoqué son secours, s'il faut en croire les écrivains du temps; nous verrons ce roi, objet de terreur pour tout le monde, prodiguer au chapitre d'Embrun les marques de sa bienveillante munificence, enrichir l'église et le clergé, tout en luttant contre l'archevêque, et conquérir dans cette ville le nom de *bon roi*, flatterie à laquelle sa mémoire n'est point accoutumée.

Depuis trois cents ans on avait perdu le souvenir de l'image miraculeuse devant laquelle s'opéraient les prodiges; un heureux hasard nous a permis de fixer définitivement l'opinion sur cette intéressante question archéologique, et de faire connaître en même temps ce qu'était la médaille de Notre-Dame d'Embrun que Louis XI portait constamment à son chapeau.

Comme accessoire à nos recherches, nous publierons un inventaire des trésors de l'église, dressé au XVIe siècle, et, à ce sujet, nous nous permettrons sur les ornements pontificaux au moyen-âge et sur des points d'iconographie sacrée quelques réflexions que leur examen nous a suggérées.

Tout en n'oubliant point dans le cours de nos recherches les recommandations de Montaigne, qui dit : « qu'en ce genre d'estude des histoires, « il fault feuilleter sans distinction toutes sortes « d'aucteurs et vieils et nouveaux, et barragouins « et françoys, » nous ne perdrons pas de vue que le premier devoir de l'écrivain *est de raconter les choses commes elles sont advenues.*

CHAPITRE II.

Ce qu'était l'image miraculeuse. — Le Livre des miracles. — Le tableau des Trois-Rois. — Le tableau de l'Annonciation. — Sainte-Marie Delbeza. — Construction du portail latéral. — A quelle époque remonte le Réal. — Les lions carlovingiens, le baptistère. — Le Réal sert de chapelle. — Les dons du maréchal Trivulce.

On avait cru jusqu'à ces derniers temps que la Vierge miraculeuse d'Embrun était une statue, une *image* de madone en ronde-bosse ou en relief, un de ces surtouts ou parements dont nos aïeux faisaient un usage fréquent dans les cérémonies du culte catholique : on pensait que cette statue ornait l'autel consacré à la mère de Dieu.

Cette erreur, dans laquelle la population même d'Embrun avait fini par tomber, tenait à ce que les écrivains ne se sont pas appesantis sur ce sujet, n'en ont dit qu'un mot, et ont laissé croire qu'on possédait encore les débris de la statue de la Vierge miraculeuse. Cette dernière opinion était généralement admise.

Mais depuis plusieurs années cette question préoccupait les esprits. M. Marigny, dans son travail sur Notre-Dame d'Embrun, avait donné l'éveil ; il écrivait ceci en 1837 :

« Le tympan du portail en maçonnerie unie est couvert d'une peinture grossière représentant l'adoration des mages; c'est devant ce tableau que s'opéraient les miracles admirables que nous a transmis l'histoire du moyen-âge (1). »

Mais en traçant ces lignes, sur lesquelles nous reviendrons, M. Marigny ne faisait pas une découverte ; il était sur la voie, mais il n'a pas su en profiter. Albert nous apprend que l'église d'Embrun fut d'abord consacrée sous le titre de Nativité de la Vierge, mais que pendant un temps on l'appelait *l'église de la Vierge des Trois-Rois, parce que cette vierge y était peinte*

---

(1) Marigny, *Album du Dauphiné*, tom. 3, pag. 146.

dans le vestibule, tenant entre ses bras son fils, aux pieds duquel les trois rois étaient prosternés pour l'adorer et pour lui offrir leurs présents (1).

Malgré l'opinion de ces auteurs, le doute n'était pas dissipé, l'ancienne croyance subsistait encore lorsque, tout récemment, un prêtre de ce diocèse démontrait que la vierge d'Embrun n'était pas une statue, mais une peinture placée, non à l'intérieur de l'église, mais à l'extérieur de l'édifice, au-dessus du portail latéral (2).

C'est cette preuve qu'il nous sera facile d'établir, non à l'aide d'inductions, d'hypothèses ou d'analogies, non en répétant ce qu'a dit Albert, et après lui M. Marigny, mais avec des textes précis qui n'ont pas été invoqués, qui n'ont pas été mis en lumière, textes qui remplaceront efficacement les preuves morales, car ils ont été écrits alors que l'image dont nous nous occupons existait encore et opérait les prodiges qui ont établi sa renommée.

---

(1) ***Histoire ecclésiastique du diocèse d'Embrun**, t. 2, pag. **323**.*

(2) Consulter à la bibliothèque de l'académie Flosalpine, à Embrun, où il est déposé, un mémoire de dix pages de M. l'abbé Pron.

Pour cela faire, nous devons parler du *Livre des miracles*, recueil dans lequel étaient consignés les faits éclatants opérés par Notre-Dame d'Embrun.

Marcellin Fornier, qui nous l'a conservé, s'exprime ainsi sur ce recueil :

« Un gentilhomme huguenot de ce pays avoit enlevé une grande quantité de livres et de papiers de l'église cathédrale de cette ville, lorsque son trésor et ses archives furent pillés. Ses descendants ont réparé son crime, et l'année dernière, 1641, ils mirent entre les mains de Bonnafoux, curé de Saint-Marcellin (1), un livre fort authentique qui contient le recueil des miracles de Notre-Dame d'Embrun, des années 1339 et 1340, signé en forme par B. Cairaci, notaire ; de l'an 1482 jusqu'en 1489, par Etienne de Pignan, aussi notaire ; encore de 1482 par Morinelli, notaire et secrétaire du chapitre ; et finalement depuis 1489 jusques en 1493, par David, aussi notaire et secrétaire du chapitre. Sans doute que la Providence a voulu que cela soit arrivé pour renouveler le souvenir des merveilles que sa puissance avait opérées dans cette

---

(1) Une des anciennes paroisses de la ville d'Embrun.

église en faveur de la très-sainte Vierge. L'on ne savoit pas qu'il restât aucun mémoire de ces prodiges, et même l'on ignoroit qu'on en eût jamais fait aucun acte public..... »

Ce recueil, rédigé nous ne savons à quelle époque, contenait une préface qui a été conservée par Fornier. L'auteur, qui était prêtre, vivait avant 1585, époque à laquelle le tableau miraculeux a été détruit. Il était donc parfaitement à même de nous dire ce qui se passait alors. Dès le début de son recueil, il se livre à des réflexions sur l'église de Notre-Dame qu'il compare à des eaux mystérieuses, à un puits, à une fontaine; ces eaux, ce puits, cette fontaine, *c'est l'église cathédrale d'Ambrun, et le portail appelé communément le grand Réal, où l'on voit l'image de Notre-Dame qui présente son fils Jésus-Christ aux trois rois, et en leur personne, à tous les monarques.*

Si nous ouvrons le manuscrit, nous voyons que les miracles avaient commencé vers 1320 et qu'ils se continuèrent sans interruption pendant trois siècles : nous nous bornerons à enregistrer le fait sans le discuter. On comprendra notre réserve : nous l'avons déjà dit, cette question délicate n'est point de notre domaine et nous craindrions en l'abordant de porter une main téméraire sur un sujet infiniment respectable et de le profaner. Nous renvoyons le lecteur au recueil que nous a conservé Fornier ; recueil qui a quinze chapitres traitant des résurrections miraculeuses, des guérisons de muets, d'aveugles, de sourds, paralytiques, épileptiques, lépreux, pestiférés, blessés, fiévreux, etc.....

Mentionnons quelques-uns de ces miracles, non au point de vue religieux, mais parce qu'ils vont nous donner clairement la preuve que nous voulons établir. Ainsi :

Le 16 du mois d'octobre 1339, une femme du Villard de Briançon se fit porter sur son âne *au Grand Réal d'Ambrun; c'est l'entrée de l'église où l'on voit un tableau de l'Adoration des mages, et où les miracles se font et les vœux s'accomplissent.* Ayant fait sa confession vers neuf heures, bien qu'elle eût perdu l'usage de ses deux pieds, elle se leva, etc....

Le 11 mars suivant, un homme de Vars ne pouvant se soutenir sur ses pieds, étant *devant l'image de Notre-Dame des Trois-Rois, qui est au vestibule de la cathédrale d'Ambrun*, il sentit qu'on lui arrachait ses *potences* de dessous les bras, et alla sur ses jambes sans nulle difficulté....

En 1480 ou 1481, Robert Rame, apothicaire,

voyant que Martin Rame, son frère, était sur le point d'expirer, accourut *au vestibule de l'église cathédrale*, et là fit vœu d'offrir cent livres de cire, et promit que son frère embrasserait l'état ecclésiastique si la Vierge avait la bonté de le tirer de ce péril, etc.....

Nous pourrions multiplier les citations, mais nous pensons en avoir dit assez pour démontrer que l'image miraculeuse était un tableau représentant l'adoration des trois rois, peint à l'entrée de l'église, sous un portique appelé vulgairement vestibule, et mieux encore le *Grand-Réal* ; que c'était là, devant ce tableau, que s'opéraient les prodiges, et que là aussi les pèlerins venaient accomplir leurs vœux.

Ces preuves tirées de récits contemporains nous dispenseront donc d'invoquer d'autres autorités ; disons seulement que Marcellin Fornier, qui écrivait son histoire cinquante ans après la prise d'Embrun et la destruction de l'image sainte, parle à chaque instant du tableau et du Réal, soit dans son *Histoire des Alpes Maritimes*, soit dans ses *Annales ecclésiastiques*. Il appelle indistinctement le portique des noms de Réal et Vestibule : *Propileus regalis*, est le nom poétique qu'il lui donne dans son manuscrit latin.

Le Réal, le tableau royal, le tableau du roi ou

des rois était donc une peinture extérieure et non une statue : tout le démontre. Les vestiges dont nous parlerons tout à l'heure, l'histoire, le clergé venant encore tous les ans, au jour de l'Épiphanie, encenser processionnellement le tableau qui remplace cette image, protesteraient, s'il en était besoin, contre une opinion qui ne peut plus être sérieusement défendue.

Quant au mot de Réal, employé pour désigner le portique, narthex ou vestibule, faisons remarquer que c'est une expression purement locale. Nous croyons que le tableau du roi ou des rois s'appela primitivement *Réal*, dans l'idiôme du pays, et par corruption du mot royal (*regalis*), et que cette désignation, en se généralisant plus tard, s'étendit au petit édifice qui le protégeait. On donne encore ce nom, dans la contrée, à toutes les constructions en forme de dôme qui recouvrent les entrées principales des églises.

Si on s'approche du portique, on voit un portail à plein cintre orné d'un faisceau de colonnettes gothiques, dans le tympan duquel est un tableau représentant l'adoration des mages. Les trois rois, couverts de riches manteaux, viennent s'incliner devant l'enfant Jésus et lui offrent des présents. Marie est représentée assise aux pieds d'une colonne avec son fils sur ses genoux : à sa gauche, est Joseph, également assis, tenant à la main le bâton de voyage qui annonce son prochain départ pour l'Egypte. Mais ce tableau, qui est peint sur toile et d'une mauvaise exécution, porte la date de 1706. Ce n'est donc pas, évidemment, la peinture miraculeuse, et M. Marigny a commis une grave erreur en disant : « Le tympan du portail en maçonnerie unie est couvert d'une peinture grossière représentant l'adoration des mages; c'est devant ce tableau que s'opéraient les miracles. »

Non, sans doute, cette explication n'est point exacte; la date même que porte cette toile aurait dû être un avertissement pour cet écrivain, s'il y eût pris garde, mais il avait encore un autre moyen de contrôle qu'il a négligé.

Sur l'arc même du tympan de ce portail, on peut lire très-facilement une inscription peinte à l'huile, en beaux caractères gothiques, rappelant l'écriture des XIIIe et XIVe siècles; elle est ainsi conçue :

TRES REGES, MARCHIOR, BALTASAR, REGINA COELI, JOSEPH, ANGELUS ... AIT AD JOSEPH.

Entre les mots *angelus* et *ait* on aperçoit les traces d'un grattage.

Évidemment cette inscription n'est placée là

que comme une légende, pour désigner les personnages qui entraient dans la composition de l'image : ce n'est point un texte de l'Écriture sainte, mais de simples noms mis ensemble et dans un certain ordre, pour expliquer l'ordonnance du tableau.

L'image miraculeuse se composait donc de la Vierge, portant l'enfant Jésus et ayant à sa droite les trois rois : *tres reges, Marchior, Baltazar;* Jaspar est omis ; et à sa gauche, Joseph et un ange.

Les mots *angelus ait ad Joseph* sont assez espacés ; on pourrait croire que le grattage n'a enlevé aucun mot de l'inscription ; s'il y en avait un, il était petit, comme la conjonction *sic : angelus sic ait*, ou comme l'abréviation D^{ni}, *angelus* D^{ni}. Du reste, il faut remarquer que le sens est complet : *angelus ait ad Joseph,* et que le mot supprimé, si suppression il y a, était une cheville n'ajoutant rien au sens principal.

Le tableau de 1706 ne conserve pas aux personnages la position qu'ils avaient dans la peinture primitive, et l'ange qui, avec Joseph, était à gauche de la Vierge, est ici complètement supprimé. L'inscription n'a donc aucun rapport avec ce tableau.

Le portail au-dessus duquel était peint le tableau miraculeux présente encore une particularité digne de remarque : il porte sur ses colonnettes de nombreuses traces d'une peinture faite avec une sorte d'encaustique, et non à l'huile comme l'inscription formant sur les nervures des rubans enroulés semblables à des guirlandes, représentant des fleurs et des dessins capricieux aux couleurs vives et tranchées et parfaitement reconnaissables.

Les écrivains ne se sont pas expliqués sur la nature du tableau miraculeux ; le sujet cependant méritait un sérieux examen : était-ce une peinture sur toile, une peinture sur bois, une gravure sur cuivre? Nous croyons, quant à nous, que c'était une peinture murale, une sorte de fresque qui n'a pu être enlevée du tympan dans lequel elle était encadrée, mais qui a été arrachée, détruite ou effacée au moyen d'un grattage semblable à celui qu'on aperçoit sur l'inscription. Ce qui nous amène à cette conjecture, ce sont les traces de peinture qui couvrent toute la voussure du portail et qui formaient un ensemble de décoration avec le tableau, ornementation consistant, comme nous l'avons dit, en guirlandes et en rubans enroulés qui s'aperçoivent encore.

Si le doute était permis, nous prierions les explorateurs qui voudraient s'occuper de cette intéressante question de se transporter devant la façade principale de l'église, et d'examiner avec attention le second portail qui s'y trouve; ils y rencontreraient, avec la même architecture, les mêmes vestiges de peinture autour des colonnettes, et dans le tympan une fresque ou plutôt un tableau peint non pas à l'huile, mais avec un procédé sur lequel nous n'osons nous prononcer, remarquable encore dans sa dégradation, représentant le sujet de l'Annonciation, avec la légende: *Ave plena gratia*.

Cette légende est écrite en petits caractères gothiques, non plus sur l'arc du portail, mais bien sur une banderolle que l'ange tient à la main.

Ce tableau, dont la majeure partie de la population ne paraît pas soupçonner l'existence, et devant lequel les visiteurs passent sans lui accorder un coup d'œil, nous l'avons vu pour la première fois en étudiant l'architecture de la façade. En voici la description:

La Vierge, à droite, est représentée agenouillée devant une sorte de petit prie-dieu ou pupitre sur lequel elle tient un livre ouvert. Sa tête expressive est un peu penchée, son maintien est plein de noblesse et de modestie; elle est vêtue d'une robe ou tunique violette, et porte sur ses épaules un riche manteau de couleur verte qui paraît être bordé d'une fourrure ou d'un liséré d'or et dont les plis onduleux tombent avec grâce derrière elle et couvrent ses pieds.

L'ange est à gauche, en face de la Vierge; il est presque totalement effacé; cependant, on voit qu'il était lui-même à genoux. Sa tunique était jaune avec des bordures rouges; on aperçoit encore au sommet du tableau la naissance de ses ailes blanches. Il tient dans ses deux mains une banderolle sur laquelle se lisent facilement ...*ve plena gratia*. Entre l'ange et la Vierge, on distingue la colombe symbolique.

Cette peinture a été faite sur une large pierre polie qui à elle seule occupe tout le tympan du portail. Elle présente les mêmes caractères, le même aspect que celle qui décore la voussure du portail latéral dans lequel était peint le Réal. Il est superflu d'ajouter que la disposition du tableau de l'Annonciation se trouve souvent dans les miniatures des XIVe et XVe siècles : elle était dans le goût du temps.

On ne doit pas perdre de vue que la cathédrale était dédiée à la Vierge, et que les deux tableaux s'expliquent l'un par l'autre : ici l'Annonciation, là l'Adoration des mages; ici un tableau qui a bravé les ravages de la guerre, qui a été exposé aux injures du temps (1), parce qu'il était considéré comme de peu d'importance; là une peinture célèbre devant laquelle les rois s'agenouillaient, qui faisait accourir les populations. Celle-là ne pouvait échapper à la fureur des religionnaires; ils savaient bien qu'en la détruisant ils porteraient un coup irréparable au culte de leurs ennemis.

Nous conjecturons que le Réal devait être peint sur une pierre polie, comme le tableau de l'Annonciation et d'après le même procédé, et s'il nous était permis de déplacer la toile qui le recouvre aujourd'hui, nous sommes certain que nous trouverions la confirmation de nos paroles: nous verrions la pierre veuve de son illustre image, et portant les signes de dégradations semblables à celles qui apparaissent dans son inscription circulaire, ou bien nous la trou-

(1) Le procédé de peinture employé par l'artiste a donné à son œuvre une telle adhérence à la pierre, qu'elle a résisté à tous les éléments pendant près de six siècles. Une peinture à l'huile semblable à celle de l'inscription du Réal, qui a pu être renouvelée et restaurée, n'aurait pas eu une durée aussi longue.

verions recouverte d'une maçonnerie (1). Cette peinture devait avoir une certaine valeur artistique, non pas que nous prétendions qu'elle ait été l'œuvre d'un grand maître, à une époque où ils ne s'étaient pas encore révélés, mais nous pouvons dire que si elle était de la même main qui peignit l'Annonciation, elle devait avoir la même finesse de détails, la même vivacité de couleur, et, à défaut de la pureté du dessin, cette élégance naïve qui a été poussée si loin par nos miniaturistes et qui indique une époque où l'art commence à se dépouiller de ses langes. Embrun, du reste, est à quelques heures de la frontière d'Italie ; il est plus que probable que l'artiste était un peintre de ce pays.

Ainsi donc, il est permis de conclure de cette analogie de peinture et d'architecture une communauté d'origine qu'on ne pourrait absolument nier. Ces indications, que nous n'avons trouvées nulle part ailleurs que sur le monument, sont importantes à notre avis ; elles vont

(1) Cette vérification a été faite depuis que nous avons écrit ces lignes, et on a trouvé une maçonnerie grossière qui remplace la pierre sur laquelle était le tableau miraculeux.

nous aider à déterminer l'époque à laquelle le portail latéral a été construit et la date présumée du tableau miraculeux.

Le rédacteur anonyme du recueil des miracles et après lui Marcellin Fornier, disent que depuis les temps les plus reculés la Vierge d'Embrun opérait des prodiges. Il ne faut pas perdre de vue que dans cette basilique la Vierge Marie était l'objet d'un culte particulier, puisque l'édifice lui était consacré; la bulle de Victor II, on s'en souvient, ne permet pas le doute.

A l'appui de leur assertion, ils citent un miracle fort singulier que cette Vierge aurait opéré en 1210.

Voici le fait sous sa forme légendaire, tel qu'il est raconté par un écrivain espagnol, Diego ou Daego, auteur d'une histoire des prêcheurs d'Aragon :

« Je, frère Raymond de Pennafort..., ce 18 août 1271, confesse qu'au temps passé il y a plus de *soixante ans*, allant à Bologne pour étudier avec Pierre Ruber, clerc de Barcelonne en Catalogne, nous arrivâmes à Briançon au pied du mont Genèvre; là, nous apprîmes un miracle que la Sainte-Vierge et son très-bienheureux fils avaient fait depuis peu en un lieu du même diocèse, appelé Sainte-Marie Delbeza ; et désirant connaître la vérité de ce miracle, nous allâmes à une maison qui était sur notre route, et là nous vîmes un sujet de très-grande joie. En effet, nous étant fait raconter ce qui était arrivé par ceux qui y étaient présents, nous apprîmes que peu de jours auparavant un jeune homme s'était mis en chemin pour aller en pèlerinage à la même église de Notre-Dame. La mère de ce jeune homme faisait tout ce qu'elle pouvait pour empêcher ce voyage, parce qu'elle savait qu'il serait obligé de passer dans un endroit où il avait des ennemis, et elle craignait qu'ils ne lui fissent quelque mal. Mais ne l'ayant pu détourner de son dessein, elle se mit à genoux en pleurant et recommanda son fils à la Vierge, la conjurant de le lui renvoyer sain et sauf. Cependant le jeune homme était tombé entre les mains de ses ennemis qui lui arrachèrent les yeux et lui coupèrent les deux mains ; ils ne le tuèrent pas, et ce malheureux *se traîna comme il put à l'église d'Ambrun*. Dès que sa mère le sut, elle s'y rendit aussitôt et voyant son fils en cet état, elle fut à l'autel de Notre-Dame où elle passa toute la nuit sans dormir ; elle demandait avec beaucoup de larmes et de grands cris à la Vierge Marie de lui rendre son fils dans l'état ou il était avant son départ.

« La mère de Dieu l'écouta et exauça ses prières, car le jeune garçon reçut de nouveaux yeux et les mains commencèrent à lui croître. Comme le bruit de ce miracle était répandu dans tout le pays, mon compagnon et moi fîmes toutes diligences pour voir celui qui en était l'objet. Dès que nous eûmes regardé dans les yeux que la Sainte-Vierge lui avait rendus, nous vîmes deux yeux de la grosseur des yeux d'un faucon ou d'un épervier, avec lesquels il voyait parfaitement..; nous vîmes aussi ses nouvelles mains et les traces de sa mutilation ; ces mains étaient tendres et pourtant fortes et saines.... »

Telle est la version que contient le *Livre des miracles;* elle est conforme au texte latin que nous avons vérifié ; la traduction en est scrupuleusement exacte, sauf un point essentiel, c'est qu'il n'est pas question d'*Ebrodunum*, d'Embrun, dans le récit de saint Raymond.

Voici quelques passages de ce texte que nous empruntons à Bzovius, continuateur de Baronius (1) :

(1) *Annalium ecclesiastic. post. D. Cæs. Baronium*, t. XIII, — auth. R. P. Fr. Abr. Bzovio, Colon. Agripp. 1621. — Col. 165 et 166.

« Fere hoc anno ingens miraculum, apud Brigantium, Galliæ Lugdunensis urbem patratum narrabat sanctus Raymundus Pennafortius.... »

C'était donc près de Briançon, ville de la Gaule Lyonnaise.

« Pervenimus Brigantium ad pedem seu radices Mongi Nigri : ubi audientes famam quæ ferebatur de miraculo quodam quod tunc effecerat Domina nostra ejusque beatissimus filius in oppido quodam ejusdem diocesis quod vocatur Sancta Maria Delbeza. »

Ils apprennent, au pied du mont Genèvre, le miracle qui avait eu lieu dans une ville de ce diocèse qui s'appelait Sainte-Marie Delbeza.

Le jeune homme mutilé se traîna comme il put *vers le lieu de son pèlerinage et arriva à l'église de la Vierge.*

« Et ille sic male tractatus, *finem ut potuit suæ peregrinationi imposuit, et ad ecclesiam beatæ Virginis pervenit.* Confestim id mater rescivit et ad sanctum locum cucurit.... »

C'est cette phrase que Fornier n'a pas traduite exactement. Il est impossible d'admettre avec lui qu'il s'agisse de *l'église d'Embrun*, et la raison en est fort simple : Embrun, comme Briançon, se trouve sur la route qui conduisait d'Espagne en Italie. Saint Raymond de Pennafort et Ruber, son compagnon de voyage, avaient traversé Embrun ; cette ville était déjà célèbre par son archevêché : il n'aurait pas manqué de la mentionner dans son récit, si le fait se fût passé dans l'église de Notre-Dame.

Quel était le lieu, l'oppidum près de Briançon, qui portait le nom de Sainte-Marie Delbeza? A cet égard les conjectures sont permises, et nous constaterons avec plaisir que Mgr Depéry, évêque de Gap, ne tombe pas dans l'erreur que nous venons de signaler : pour lui, Sainte-Marie Delbeza est Sainte-Marie de la vallée Basse (1).

Nous aurions voulu voir constater que dès 1210 Notre-Dame d'Embrun était déjà célèbre par ses prodiges : on sait que le culte de la Vierge prit une grande faveur au XII⁰ siècle, époque à laquelle des confréries s'organisèrent et les pèlerinages furent créés; mais malgré toute notre bonne volonté, nous ne pouvons adopter l'opinion de Fornier et du premier rédacteur du recueil des miracles. Nous savons cependant qu'au treizième siècle, la vierge Marie était déjà l'objet d'un culte tout particulier dans la basilique qui lui était consacrée.

(1) *Histoire hagiologique du diocèse de Gap*, p. 508, note 1.

Nous verrons plus tard un archevêque, Guillaume de Mandagot, sur la fin de ce même siècle, faire de riches présents à l'autel de Notre-Dame.

Les recherches auxquelles nous nous sommes livré sur ce point avaient pour but de constater d'une manière approximative l'époque à laquelle le tableau miraculeux aurait été construit : existait-il en 1311, lorsque Guillaume de Mandagot partit pour Aix ? Fornier nous apprend qu'il vint à l'église prendre la bénédiction de cette bonne mère, et le docteur Albert, que ce prélat ne se mit en route, le 10 juin, qu'après avoir salué la Sainte-Vierge, envers laquelle il avait une singulière dévotion.

S'agit-il ici du salut qu'on faisait de coutume en passant devant le Réal ? La conséquence serait forcée ; cependant, elle n'aurait rien d'impossible ; car c'est neuf ans plus tard, que le tableau commence à opérer des miracles : il pouvait donc déjà exister à cette époque.

Cherchons à éclaircir cette question. Le portail latéral où se voyait le tableau miraculeux est évidemment moins ancien que le corps de l'édifice ; nous pensons qu'il faut assigner le XIIIe siècle pour date de sa construction, et, à défaut de texte, nous avons des données qui ne nous permettront pas de nous éloigner beaucoup.

Le portail est d'architecture gothique; tout le monde paraît d'accord sur ce point; or, le gothique ne commence à s'introduire que vers la fin du XIIe siècle et dans les premières années du XIIIe.

Les miracles, avons-nous dit, s'opèrent en 1320 devant l'image de la Vierge; voilà une date plus précise.

Si les miracles s'opèrent en 1320, il faut bien admettre que le portail était fait alors; nous ne pouvons pas venir en deçà de cette époque. En remontant au delà, nous arriverions jusqu'à l'an 1200, de telle sorte que le débat est restreint à une période de cent vingt ans.

Le portail pouvait avoir quelques années d'existence de plus que le Réal. Cette peinture n'a été commencée qu'après l'achèvement des travaux de maçonnerie; d'autre part, faut-il croire que le célèbre tableau a opéré des prodiges au sortir de la main de l'ouvrier? N'est-il pas plus rationnel de penser que leur manifestation ne s'est faite qu'après un certain laps de temps, et de conclure que c'est dans le courant du XIIIe siècle que le portail gothique et son image vénérée furent achevés? Nous croyons que c'est à la même date que la façade fut construite avec son portail et le tableau de l'Annonciation.

Pour en finir avec les questions d'architecture et d'archéologie sacrée, dans lesquelles les meilleurs esprits se perdent quand ils sont systématiques, passons au narthex ou vestibule qui recouvre le Réal, et fixons l'époque de sa construction.

Pour cela, il nous suffira de consulter l'historien Fornier, qui nous donnera dans ses manuscrits tous les documents nécessaires.

Baltazar-Hercule de Jarente fut nommé à l'archevêché d'Embrun, en 1542, par permutation avec Antoine de Levi. Dès qu'il eut pris possession de son siége, les chanoines de son église l'attaquèrent au conseil du roi pour lui faire payer certains droits que chaque archevêque devait au chapitre après sa prise de possession. Le prélat croyait en être exempt parce qu'il n'avait eu l'archevêché que par permutation ; mais il fut obligé de céder et promit au chapitre que, pour le paiement de ce qu'il devait, il ferait construire devant l'église d'Embrun un vestibule de marbre en forme de dôme, où il y aurait une espèce de chapelle pour l'image de la Vierge qui opérait tant de miracles. L'ouvrage commencé était même déjà fort avancé lorsque Jarente mourut, laissant une année de ses revenus pour l'achèvement de son entreprise.

Il paraît que les chanoines employèrent cet argent à d'autres usages et laissèrent le vestibule inachevé; ils firent bâtir la chapelle de Sainte-Anne, où ils disaient l'office pendant l'hiver, et construire le rétable de cette chapelle qui a passé longtemps pour un chef-d'œuvre de menuiserie et de sculpture.

Ainsi donc le narthex est du XVIe siècle; l'architecte qui l'éleva chercha à mettre sa construction en harmonie avec l'édifice; c'est là ce qui a toujours trompé les visiteurs.

L'église de Guillestre (1) a un portique à peu près semblable à celui d'Embrun; il est seulement plus vaste et plus large et présente quatre colonnes de face, tandis que celui d'Embrun n'en a que deux. Nous croyons que celui de Guillestre est le plus ancien et qu'il a servi de modèle à l'autre, car l'église, agrandie en 1507, fut consacrée, en 1532, par le prédécesseur de l'archevêque de Jarente; tous les deux ont des colonnes du même style, reposant sur des lions majestueux qui tiennent entre leurs griffes puissantes, l'un un enfant, l'autre un animal.

Si Embrun a emprunté à Guillestre son vestibule et ses lions symboliques, Guillestre, à son

(1) Petite ville de l'arrondissement d'Embrun.

tour, a copié très-grossièremeut le portail gothique de la métropole. Celte église a aussi son Réal; mais ce Réal est une fresque détestable, sans vertu miraculeuse, qui n'a pas plus de valeur au point de vue de l'art qu'au point de vue religieux.

Ces observations pourraient dispenser de discuter la question relative aux lions que l'on croit être des vestiges de l'époque carlovingienne; mais cette question s'est présentée avec tant d'autorité qu'il est impossible de la passer sous silence.

Nous admettons volontiers que ces lions sont beaux, majestueux et calmes; qu'ils portent à un haut degré l'empreinte hiératique; qu'ils sont l'emblème de la force qui dompte l'homme et les animaux; qu'ils sont, si l'on veut, le démon, l'hérésie, l'erreur, le paganisme; que la colonne supportant le portique sacré et écrasant le lion, est le christianisme vainqueur des faux dieux. Nous acceptons tout cela, parce que c'est vrai, parce que c'est juste, parce que l'artiste a symbolisé de cette manière sa pensée religieuse.

Nous admettons encore que l'architecture chrétienne a fait des emprunts à l'architecture païenne; que les lions du porche d'Embrun sont un souvenir des sphynx, des lions, des griffons et d'autres monstres fabuleux qui gardaient les palais de Babylone, de Ninive, de Balbeck et de Memphis; que Charlemagne était aussi grand que Bélus et que Sésostris. Mais nous ne pouvons aller au delà, et dire que les lions accroupis du portique sont des vestiges carlovingiens : il faudrait en dire autant de ceux de Guillestre, de Briançon et de bien d'autres églises de ces contrées, où le même symbole a été reproduit. Nous préférons tout simplement supposer que l'archevêque Baltazar de Jarente les a fait sculpter d'après des modèles trouvés dans les environs et sur place même; ce fait n'aurait rien d'improbable, puisque l'église d'Embrun possède des fonts baptismaux, nous pourrions dire un baptistère, de la fin du XIe siècle, dans la composition architectonique duquel on trouve un lion supportant une colonne.

Le baptistère de l'église d'Embrun appartient à la période romane byzantine ; il est en pierre, comme tous ceux qui datent de la fin du XIe et du commencement du XIIe siècle: *Debet fons esse lapideus, ut extra ecclesiam non deportetur.* Il a la forme d'une cuve arrondie ; tout autour règne une sorte de guirlande de pampres assez grossièrement sculptée. Cette cuve est très-grande et ses dimensions sont telles, qu'elle a pu servir à l'immersion des catéchumènes : on sait, en effet, que jusqu'au XIVᵉ siècle, le baptême par immersion paraît avoir été d'un usage fréquent.

Cette cuve, supportée par une sorte de fût de colonne, repose sur un lion accroupi. Ici le symbole est plus apparent : le lion se tord dans les transes de l'agonie ; sa gueule contractée s'entr'ouvre pour pousser des rugissements de douleur : c'est le paganisme expirant devant la régénération de l'homme par le baptême.

Un examen attentif de ce baptistère ne tarde pas à convaincre qu'il est plus ancien que les lions du narthex; la sculpture en est tout à fait différente, elle est plus originale, plus caractérisée, elle sent moins la copie. On ne peut s'empêcher de dire que là est le modèle, et sous le portique l'imitation.

Nous savons que l'archevêque de Jarente voulut faire construire un vestibule en marbre; il ne put terminer son entreprise, et mourut laissant son œuvre inachevée. Le griffon de marbre que l'on voit dans l'église était-il destiné à cette construction? Les chanoines n'abandonnèrent-ils pas le plan de leur archevêque, et ne laissèrent-ils pas de côté cette conception capricieuse de l'artiste? Ou bien est-ce encore un vestige carlovingien? Si on admet, comme nous, que les lions sont l'œuvre d'un sculpteur du XVIe siècle, il faudra admettre la même origine pour le griffon ; on pourra le faire, car le marbre rouge du griffon est semblable au marbre rouge des colonnes du narthex, et le père Fornier nous apprend que les projets de l'archevêque étaient grandioses et qu'il voulait que ce portique eût l'élévation de la cathédrale, et une splendide ornementation.

Du reste, ce griffon personnifie le même symbole que les lions du portique ; il tient dans ses serres un petit animal, un lièvre, auquel il donne la mort.

D'après ce que nous savons, le Réal était, en quelque sorte, une chapelle, une espèce d'autel sur lequel trônait la mère du Sauveur. Le portique construit par l'archevêque de Jarente donne encore à cette assimilation un caractère plus prononcé, et on se demande si le vestibule en marbre n'avait pas succédé à une construction analogue, soit en pierre, soit en bois.

Il est difficile d'admettre que, pendant deux siècles, les archevêques aient laissé le tableau exposé à toutes les intempéries des saisons dans un climat aussi rude que celui des Alpes. Il devait y avoir déjà un dôme, un pavillon, une construction quelconque. Ce qui peut nous amener à cette conclusion, c'est que, tout autour de la madone, les pèlerins attachaient des statues votives, des images, des bustes, des figures. On voit encore contre les nervures du portail et dans la voussure, des clous, des crochets, des boucles en fer, auxquels se suspendaient les témoignages de leur reconnaissance et de leur vénération. Sans doute, toutes les offrandes ne pouvaient aspirer à cet honneur, et nous présumons qu'il était exclusivement réservé à celles que leur richesse recommandait ou qui perpétuaient le souvenir d'un prodige éclatant.

La démolition partielle du portique par les protestants ne permet plus de s'assurer s'il portait des empreintes semblables à celles de la voussure du portail ; mais d'après ce que l'on connaît, il est permis de supposer que les murs étaient tapissés d'*ex-voto*, et on peut se faire une idée de l'aspect varié et de la véritable magnificence que devait avoir cette chapelle lorsque tous les objets précieux étaient exposés aux regards des fidèles.

Les conjectures qu'on peut faire dans ce sens, à l'inspection des lieux, ne sont point hasardées ; elles se changent en certitude par des témoignages irrécusables. Le curé Albert nous apprend qu'avant que les calvinistes eussent pillé l'église d'Embrun, on voyait, au haut du vestibule, la statue d'un noble chevalier, le seigneur de Vito. Il était représenté le corps percé par une balle (1).

Le P. Fornier raconte aussi que Jean-Jacques Trivulce, maréchal de France, reconnaissant de la guérison d'un de ses fils, guérison qu'il attribuait à la vierge d'Embrun, envoya, en 1516, de riches présents à cette église : entre autres deux bustes de ce fils, l'un en vermeil, l'autre en bois doré. Il était alors à Milan (2).

Voici la lettre que le chapitre d'Embrun écrivit, le 18 juin 1516, au maréchal Trivulce, en remerciement de ses cadeaux ; nous la transcrivons en entier, parce qu'elle donne, sur le Réal et le portique dont nous supposons l'existence avant celui de l'archevêque de Jarente, de très-curieux détails, en lui assignant une destination que nous ne pouvions prévoir :

« *A Monseigneur le maréchal de Trivulce à Milan.*

« Nostre très-honoré seigneur et protecteur,

(1) Albert, t. II, p. 347.
(2) *Histoire des Alpes Maritimes*, p. 448.

très-humblement à votre bonne grace nous recommandons. Par le présent porteur, votre serviteur, avons reçu les deux images de Monsieur le Comte votre fils ; l'un d'argent très-beau (*sic*) et de grand prix, et l'autre de bois pour tenir au-devant de Notre-Dame du Réal, avec les accoustrements du dit Monsieur le Comte revestu, ou a été mis l'autre d'argent en la sacristie avec les joyaux et trésors de l'église, ou sera conservé perpétuellement, pour mémoire de la grace faite par Notre-Dame, et dévotion très-grande de vous et votre maison envers ladite Dame, et présente église : avec la jambe d'argent et feu le seigneur comte de Mison (1). Et les grandes fêtes le

(1) Jean-Jacques Trivulce, marquis de Vigevano, maréchal de France, joua un rôle très-considérable sous le règne de Louis XII, et mourut, au mois de décembre 1518, de chagrin de sa disgrâce et de quelques discours fâcheux que lui tint François Ier. Il eut de sa seconde femme, Béatrix d'Avalos, Ambroise Trivulce, promu à l'évêché de Bobbio, en Italie, après avoir suivi avec distinction la carrière des armes, et Jean-Nicolas Trivulce, comte de Misochi ou Misocho, mort avant son père, le même dont il est ici question. C'est pendant un séjour à Embrun, en 1515, qu'il fit un vœu à Notre-Dame en faveur de son fils. Trivulce mourut en soldat et en chrétien, en embrassant la garde de son épée qui avait la forme d'une croix. Brantôme mentionne ce fait, sous forme de plaisanterie, dans le cha-

feront mettre sur le grand aultier, pour parement d'iceluy, avec les autres joyaux de ladite église. Et pour nostre devoir, et remercier de la grace faite par Dieu et Notre-Dame, et pour la santé et convalescence de Monsieur votre fils, et aussi pour l'état et prospérité de votre personne et de Madame la Marquise, votre bonne compagne, avons fait solemnelle procession, et après icelle dire une messe solemnellement *au devant l'image Notre-Dame du Réal de l'église,* comme tout à veu le présent.

« Vous merciant très-humblement, la bonne affection et dévotion que toujours portez envers ladite église et nous ; dont sommes à toujours et jamais obligés à prier Dieu et Notre-Dame pour votre bonne intention et tout ce qu'aimez.

« Aussi pour les grands biens et faveurs en icelle par vous faits, et parce que avions grand

---

pitre qu'il consacre à ce capitaine, liv. 1ᵉʳ, chap. xxx. Rabelais, lui aussi, a rappelé cette mort dans son Pantagruel, liv. III, chap. xxIII. La lettre du chapitre est obscure dans certains passages, mais Fornier donne des éclaircissements desquels il résulte qu'outre les deux bustes du comte Mison, Trivulce avait envoyé une jambe d'argent, qui était la partie malade chez son fils, et une croix aussi d'argent, avec diverses étoffes.

désir de faire démonstration et honorer Dieu et Notre-Dame, du drap d'or de la robe par vous donnée, vous supplions que votre bon plaisir soit nous commander et déclarer que s'en doit faire. Car il faut deux bras (1) pour complir une chasuble ou planete (2) et deux dalmatiques pour diacre et sousdiacre, et les frais d'icieux. Par quoi votre bon plaisir sera nous en faire avertir, et ferons ce que nous sera par vous commandé. Priant Dieu et Notre-Dame qu'il vous doint très-bonne vie, et longue, et par durable paix; nous recommandant très-humblement toujours à votre bonne grace. En Ambrun, ce 18 de juin 1516, vos très-humbles serviteurs et orateurs les chanoines et chapitre d'Ambrun. »

Ainsi donc, non-seulement il y avait, avant l'archevêque de Jarente, une construction quelconque formant chapelle, dans laquelle s'exposaient les dons des pèlerins, mais encore où l'on célébrait l'office divin sur un autel portatif (3).

---

(1) *Bras*, pour *brasse*, mesure de longueur dont on se servait pour les étoffes.

(2) *Planeta*. Voir Du Cange à ce mot. *Vestis sacerdotalis quæ vulgo casula dicitur*. Chasuble.

(3) Ces présents furent offerts en 1516, et aussitôt le chapitre fit dire une grand'messe au grand Réal, pour ce

Une bulle, que nous aurons à citer plus tard, donnée en 1514, au mois de janvier, par Léon X, témoigne aussi de la préoccupation des archevêques d'Embrun à l'endroit de cette chapelle qu'ils voulaient faire fermer. Ajoutons que tous les jours, après complies, le chapitre venait sous le portique, chanter à la Vierge une antienne composée expressément pour elle en l'honneur de ses miracles.

Voici le texte de cette invocation : *Sub tuam protectionem confugimus, flos mundi, lux et honor, a te infirmi acceperunt virtutem, et propter hoc tibi psallimus Dei genitrix virgo.*

Notre discussion sur l'architecture du portique ou vestibule nous a entraîné dans ces développements, et nous a fait sortir malgré nous de l'ordre chronologique. Nous voulions en finir avec ces questions de dates et de constructions. Nous allons reprendre notre sujet un siècle plus haut, à Charles VII et à Louis XI.

maréchal, pour son épouse et pour le comte de Mison. *Recueil des Miracles*, chap. xv.

CHAPITRE III.

Dévotion de Louis XI à Notre-Dame d'Embrun ; son pèlerinage ; ses offrandes, la messe du roi, dotation du chapitre. — Sixte IV nomme les rois de France chanoines de l'église d'Embrun ; ils doivent porter l'aumusse et le surplis. — Prières de Louis XI. — La grille d'argent. — Les orgues. — Inimitié du roi contre l'archevêque.

S'il est un point incontestable de la vie privée du roi Louis XI et de ses pratiques dévotes, c'est sans contredit la vénération qu'il avait pour Notre-Dame d'Embrun.

Il portait à son chapeau une image de la célèbre madone, et fréquemment, dans le cours de la journée, il se découvrait, et, se prosternant humblement devant elle, lui adressait une de ces invocations dont Brantôme nous a conservé la formule singulière :

« Il avait, dit Claude de Seyssel, son chapeau tout plein d'images, la plupart de plomb ou d'étain, lesquelles il baisait à tous propos..., se tenant à genoux, quelque part qu'il se trouvât, quelquefois si soudainement, qu'il semblait plus blessé d'entendement que sage homme. » Ainsi le veulent la chronique et la tradition.

Les récits de ces dévotions sont devenus en quelque sorte populaires, grâce à *Quentin Durward*, un des plus beaux romans de l'auteur d'*Ivanhoé*; ils sont acceptés aujourd'hui comme perpétuant le souvenir d'un fait certain, à tel point qu'on a tenté de les introduire dans le domaine de l'histoire. Nous n'avons pas été peu surpris de les trouver dans le cours d'un travail sérieux.

Nous sommes loin de contester toutefois que le romancier se soit inspiré des mémoires du temps; nous savons, comme tout le monde, avec quel soin il étudiait le caractère de son héros, quand ce héros était un personnage historique ; avec quelle habileté il donnait à son drame ce que nous appelons aujourd'hui le cachet du temps et la couleur locale.

Mais ces considérations même nous font un

devoir de prémunir les écrivains qui s'occuperont un jour de l'histoire de ce pays, contre cette fâcheuse tendance qui nous porte à accepter sans contrôle un fait parce qu'il aura été souvent répété, et de les engager, en ce qui concerne Louis XI, le bienfaiteur de cette église, à faire rentrer dans le rang des fictions ce qui n'aurait jamais dû en sortir.

Nous n'avons pas seulement à nous faire l'adversaire du roman ; ce rôle nous est réservé même contre tous les historiens d'Embrun (le P. Fornier, Albert et le préfet Ladoucette), et nous pensons prouver que le prétendu pèlerinage de Louis XI, en 1481, est un fait qu'il faut reléguer parmi les inventions, telles que la grille d'argent, *maintes fois promise à Notre-Dame, et toujours refusée.*

Bien que le nom du dauphin Louis paraisse dans l'histoire embrunoise depuis 1437, nous ne commencerons à parler de ce prince qu'à raison d'un fait important qui se passa dix ans plus tard.

A cette époque, le dauphin, cédant sans doute aux sollicitations de Jean de Girard, archevêque d'Embrun, qui résidait à Grenoble auprès de lui, et qui était son conseiller, renouvela et confirma les priviléges de l'archevêché et de l'église d'Embrun avec ordre au gouverneur du Dauphiné et à tous les officiers delphinaux de leur en maintenir l'entière jouissance. Les lettres-patentes sont du 17 juillet 1447.

Charles VII, père de Louis XI, instruit des prodiges opérés par la vierge d'Embrun, voulut qu'après sa mort on célébrât pour le repos de son âme dans l'église cathédrale deux services solennels, ce qui eut lieu en 1477 et 1478.

Ces messes furent dites sur l'invitation expresse de Louis XI, et la preuve en résulte de l'acte de transcription ou *vidimus* de lettres contenant ordre, de la part de Jean Britonnet ou Briçonnet (1), receveur général des finances, à Jean

---

(1) Il ne peut y avoir équivoque sur ce personnage dont on trouve le nom écrit de différentes manières : Britonnet, Briconnet, Briçonnet. Les biographes l'appellent Guillaume Briçonnet. En Dauphiné, il avait le prénom de Jean : *Domino Joanne Britonnet, generali financiarum*, dit l'arrêt du Parlement. Dans la table manuscrite des registres de la chambre des comptes du Dauphiné, intitulés : *Registrum litterarum officiariorum ab anno* 1365 *ad annum* 1670, on trouve la mention suivante : Provision de receveur général des finances en Dauphiné, pour M. Jean Briçonnet, évêque de St-Malo, décembre 1493. C'est encore le même personnage qui contre-signa les lettres-patentes de Louis XI, relatives à la fondation d'une messe perpétuelle, en 1481. C'est donc le même qui servit Louis XI, Charles VIII et

Ginon ou Guyon (1), receveur en Dauphiné, d'avoir à payer au chapitre d'Embrun cinq cents livres tournois, prélevables sur les recettes des années 1477 et 1478.

Ce *vidimus*, délivré par le parlement de Dauphiné à la requête du chapitre d'Embrun, est à la date du 9 novembre 1499 (2). Son texte latin ne présente aucune particularité remarquable ; il porte à la fin, pour le gouverneur, la signature de plusieurs conseillers au parlement, parmi

---

Louis XII, qui entra dans les ordres après avoir été marié et fut évêque de Saint-Malo, cardinal-archevêque de Reims. Son fils Guillaume fut appelé aussi au poste de receveur général des finances en Dauphiné, le 20 juillet 1498, sous le prénom de Jean.

(1) Un Jean Guyon était receveur général en Dauphiné en 1482 ; c'est probablement le même.

(2) La date de 1499 annonce que l'entérinement de ces lettres était une mesure de comptabilité, une formalité financière, puisqu'il intervint vingt-deux ans après la lettre qui ouvrait le crédit. La formule exécutoire de l'arrêt était celle-ci : *Joannes, comes de Fuxo de Stampis, vicecomes et dominus Narbonnæ*, etc. — Jean, comte de Foix et d'Etampes, vicomte de Narbonne, avait été nommé au gouvernement de Dauphiné par lettres du roi Louis XII, données à Reims le 28 mai 1498 ; il mourut en 1500, et fut remplacé, en 1503, par son fils, le célèbre Gaston de Foix, duc de Nemours. Voir cet arrêt aux pièces justificatives, n° 1.

lesquelles nous lisons celles de Jean Rabot, Henri Gautheron, A. Mulet, Antoine Putod, Pierre Latier, A. de Vemas (1).

A la suite de cet acte on trouvait deux quittances, l'une de 200 livres, délivrée par Marquet-Guigue Alamandi, prévôt et promoteur de l'église d'Embrun, et l'autre de 300 livres, signée Pierre Savine, sacristain et chanoine de la même église.

Nous avons rapporté ce titre, qui constate la première libéralité faite à Notre-Dame d'Embrun par les rois de France. Nous allons arriver à celles de Louis XI, qui atteignirent des chiffres énormes pour le temps.

---

(1) Il est longuement question de Rabot dans les histoires du Dauphiné et dans les ouvrages de Chorier. Pierre Latier était sans doute un des ancêtres d'Alphonse-Hubert de Latier, cardinal, né à Valence, en Dauphiné, le 30 octobre 1739, pair de France en 1814, décédé à Paris le 26 juillet 1818.

Antoine Mulet, après avoir été vibailly de Viennois et Valentinois en 1477, juge-mage de la ville de Grenoble en 1479, conseiller au parlement de Dauphiné en 1486, fut pourvu de la charge de premier président du parlement de Provence, par lettres du roi Louis XII, données à Grenoble le 26 juin 1502. Il fut père d'Ennemond Mulet, aussi conseiller au même parlement, envoyé avec du Rivail en ambassade auprès du duc de Savoie. *Préface de Du Rivail*, par Alfred de Terrebasse, 1844, pag. 11.

On a prétendu que Louis XI était venu en pèlerinage à Embrun en 1481 : le P. Fornier le dit très-timidement, et après lui, l'historien Albert se hasarde à écrire cette phrase dans la vie de Jean Baile, archevêque :

« Il eut l'honneur de recevoir dans son église le roi Louis XI (1) ; » puis, dans un autre chapitre, il ajoute : « Le roi fit donc un vœu en faveur de cette église, qu'il vint exécuter lui-même en 1481 (2). »

M. Marigny répète la version de l'historien Albert, en l'amplifiant (3).

Enfin, M. Ladoucette va plus loin encore : « Il avait attribué à Notre-Dame d'Embrun une guérison presque miraculeuse, après laquelle il vint lui-même, en 1481, exécuter le vœu qu'il avait fait. Suivant l'usage des Dauphins, il entra processionnellement dans la cathédrale comme chanoine, revêtu du camail et du rochet, et précédé par l'archevêque et le chapitre, au son des cloches et des instruments de musique (4). »

---

(1) Tom. II, p. 201
(2) *Ibid.*, p. 307.
(3) *Album du Dauphiné*, tom. III, pag. 137 et suiv.
(4) *Histoire des Hautes-Alpes*, 3ᵉ édition, pag. 79. Ce même écrivain dit plus loin : « Le désir d'acquérir sur les Vaudois des renseignements précis entra sans doute pour

Nous ne pensons pas que Louis XI soit venu à Embrun après son avénement au trône. Il a pu y passer étant Dauphin, lorsqu'il guerroyait contre le duc de Savoie et qu'il portait secours au marquis de Saluces, ou bien encore lorsque, le 10 août 1449, il signait, à Briançon, son traité avec le duc Louis (1). Il est à présumer qu'alors il y vint plutôt en suzerain qu'en pénitent. Le long séjour qu'il fit en Dauphiné, ses relations avec Jean de Girard, ses fréquentes excursions, la position d'Embrun comme place forte de la frontière : tout nous autorise à le supposer, et nous croyons le fait assuré, bien que les écrivains se taisent sur cette particularité de la vie de ce prince.

Il serait assez difficile d'établir d'une manière certaine que ce monarque ait reparu en Dauphiné depuis la mort de Charles VII. Chorier dit bien qu'en 1476 il accomplit un pèlerinage à Saint-Antoine de Viennois (2). Mais l'abbé Dassy, dans son histoire de cette abbaye, place ce voyage

---

quelque chose dans la visite que Louis XI fit à Embrun, en 1481. Il se borna quelques années après à leur envoyer des missionnaires. » Même édition, pag. 81.

(1) Chorier, *Histoire du Dauphiné*, tom. II, pag. 444.
(2) Tom. II, pag. 477.

au mois de juin 1472, en sorte qu'on ne voit pas auquel des deux il faut s'en rapporter. Louis XI fit son entrée à Lyon le 23 mars 1476; il y séjourna plusieurs mois; et il n'est dit nulle part qu'il ait poussé son voyage jusqu'en Dauphiné. Frappé d'apoplexie aux Forges, en mars 1480, il ne recouvra plus ses forces complètement.

Son historien, Philippe de Comines, raconte qu'en 1481 *le roi alla à Thouars,* où il devint fort malade et fut en très-grand danger de mort : *par quoi et afin de recouvrer sa santé, envoya faire maintes offrandes et donner de bien grandes sommes de deniers en diverses églises de ce royaume, et fist de grandes fondations* (1).

Cette même année, le roi fit le pèlerinage à « Monseigneur saint Claude, pour lequel il se fit accompagner de huit cents lances; après que le roi eut fait et accompli son voyage audit lieu de Saint-Claude, *il s'en retourna fort malade à Notre-Dame de Cléry*, là où il fit sa neufvaine, et après icelle faite, moyennant la grâce et bonté de la benoiste vierge Marie, illec requise, et à laquelle il avait sa singulière confiance et dévo-

---

(1) *Mémoires de Philippe de Comines,* édit. de Lenglet du Fresnoy, tom. II, pag. 162.

tion, revint en assez bonne convalescence, et fut fort allégé de ses maux (1). »

En 1482, à l'époque où la peste régnait en Dauphiné, Louis XI vint à Lyon. C'est là que Zizim, frère de l'empereur Bajazet, lui fut présenté (2). Depuis lors, il marche de rechute en rechute à ses derniers moments.

On verra tout à l'heure pourquoi nous sommes entré dans ces détails, en insistant sur les voyages à Thouars et à Notre-Dame de Cléry.

La tradition veut, suivant les uns, que Louis XI soit venu à Embrun expressément en pèlerinage pour l'accomplissement d'un vœu fait à la Vierge pendant une dangereuse maladie; selon les autres, sa dévotion aurait été toute désintéressée et n'aurait été provoquée que par la renommée des prodiges qu'elle opérait, et surtout par les deux suivants.

Un gentilhomme de l'armée de Louis XI avait, dans une bataille, perdu complètement la vue; il allait être massacré par l'ennemi, lorsqu'il se voua à la Vierge, qui l'exauça, lui rendit la vue et lui permit, grâce à la vitesse de son cheval,

(1) Philippe de Comines, pag. 164.
(2) Chorier, *Histoire du Dauphiné*, tom. II, pag. 480.

d'échapper au péril. Ce gentilhomme, nommé Cabassol, était un Embrunois.

Vers l'année 1481, un jeune homme, nommé Martin Rame, aurait été ressuscité sur les ardentes prières que son frère avait faites devant le Réal. Ces deux faits, arrivés aux oreilles de Louis XI, lui auraient inspiré la confiance qu'il ne cessa d'avoir depuis à Notre-Dame d'Embrun. C'est de cette époque seulement qu'il aurait porté à son chapeau l'image de la Vierge miraculeuse. Sa vénération pour elle ne l'abandonna qu'avec son dernier soupir; quelques heures avant sa mort, il l'implorait encore, en disant: « Notre-Dame d'Embrun, ma bonne maîtresse, aidez-moi ! »

On le voit, la tradition d'Embrun diffère dans ses récits ; elle n'est pas plus exacte que le roman.

Il n'est pas vrai de dire que Louis XI n'ait commencé à manifester sa dévotion à la Vierge d'Embrun que sur la fin de sa carrière, au bruit des miracles qui s'opérèrent vers cette époque. Il est certain, au contraire, que, dès avant 1472, il lui faisait faire des offrandes le mercredi de chaque semaine.

Voici une lettre qu'il écrivait à ce sujet au chapitre : « A nos chers et bien amés le doyen et chapitre de l'église de Notre-Dame d'Ambrun, de par le roy-dauphin.

« Chers et bien amés, pour la *grande et fervente dévotion qu'avons toujours eue et encore avons à l'église d'Ambrun*, fondée et révérée en l'honneur et révérence de la très-glorieuse et très-benoiste vierge Marie, mère de notre Dieu créateur, nous ordonnâmes l'année dernière passée à notre trésorier du Daulphiné offrir par chacun mécredi en ladite église. Nous avons toujours désiré sçavoir si elle y a esté toujours offerte, et pour ce vous prions sur tous les services que vous désirez nous faire, qu'incontinent et en toute diligence, vous nous en fassiez sçavoir la vérité, autrement nous ne serions jamais à nostre aise. Donné au Plessis du Parc lez Tours, le 26 de mars. Signé Louis. »

Cette lettre intéressante se trouvait autrefois aux archives de l'église d'Embrun ; elle ne nous fixe ni sur la date de son envoi, ni sur le chiffre de l'offrande, mais les lacunes qu'elle présente sont comblées par la quittance suivante qui y était annexée :

« Nous chanoines et chapitre de l'église d'Ambrun, certifions avoir reçu d'Antoine Danneseau, chevaucheur ordinaire de l'esquierie du roi notre sire, trente-un écus d'or pour une oblation en ladite église, devant l'*Image Nostre-Dame des trois Rois*. Ou moy le maistre Denys de Bidaud, receveur général, le samedi 27ᵉ jour d'avril, l'an de grace mil quatre cent soixante et douze. Et en témoin nous fait sceller ces présentes du scel du dit chapitre et signé par la main du dit chapitre. Plus bas, signé Garcini. »

La quittance est du mois d'avril, la lettre du roi était antérieure d'un mois : elle est du 26 mars 1472.

La dévotion de Louis XI était donc ancienne; elle n'était pas le résultat d'un fait accidentel : *pour la grande et fervente dévotion qu'avons toujours eue et avons encore à l'église d'Ambrun,* dit-il dans son préambule. Ces mots ne peuvent-ils pas faire admettre la supposition d'une visite à cette église avant son avénement à la couronne, alors qu'il était Dauphin ?

Nous verrons dans la suite que, dans tous les actes, dans toutes les lettres-patentes de Louis XI, ou bulles du pape le concernant, il est toujours question de cette *dévotion singulière ;* mais jamais une seule allusion ne se produit relativement à un pèlerinage que ce prince aurait fait à la vierge du Réal.

Arrivons aux grandes libéralités de ce monarque envers l'église d'Embrun, qui par leur date firent croire à un voyage du roi dans cette ville ; à cette rente annuelle de 13,000 livres environ qu'il donna à prendre sur les impôts que lui payait le Briançonnais, à la charge par le chapitre de chanter tous les jours une grand'messe en musique. Cette messe, dit l'historien Albert, devait se célébrer avec le *Gloria* et le *Credo*, même dans la semaine-sainte, contre l'ordre des rubriques ; mais comme elle était fondée *pro re gravi*, elle fut approuvée par une bulle du souverain pontife (1).

Cette rente fut constituée par lettres-patentes en date du 14 janvier 1481, et, ce qui est plus significatif, c'est qu'elles furent données à Thouars, où le roi, dit Comines, fit une grave maladie, et, pour recouvrer la santé, *fit donner de grands biens à diverses églises et fit de grandes fondations.*

Dans ces lettres-patentes, le monarque se plaît à rappeler sa grande et singulière dévotion envers la Sainte-Vierge ; il dit que c'est par son intercession qu'il est entré en convalescence de certaines maladies qui lui étaient advenues depuis ancien temps ; que pour rendre la Vierge plus encline à intercéder Dieu en sa faveur et

---

(1) Albert, tom. II, pag. 307.

en faveur du dauphin Charles, son fils, il était résolu à faire de grandes aumônes et fondations à diverses églises du royaume et du Dauphiné, et notamment à l'église cathédrale de Notre-Dame d'Embrun.

C'est pourquoi il donne, cède, délaisse et aumosne à ladite église et aux doyens, chanoines, vicaires et chapelains la somme de trois mille neuf cent soixante et douze ducats du poids de Florence (1), que depuis longtemps par certaine *composition* les habitants du Briançonnais payaient à la trésorerie du Dauphiné. A la charge par le chapitre de célébrer chaque jour une haute messe solennelle de Notre-Dame, à diacre et sous-diacre, et à la fin de ladite messe de dire une oraison pour la prospérité et santé du roi, du Dauphin et de leurs successeurs (2).

Remarquons que Louis XI fit à la même époque diverses fondations, entre autres celle d'une grand'messe à la Sainte-Chapelle, à Paris, grand'-messe qui devait être dite tous les jours et chantée par huit chantres, et, ajoute Comines : « Il fonda ladite messe de mille livres parisis prises sur la ferme et coutume du poisson de mer qui se vend

---

(1) Ce ducat valait trois livres sept sous deux deniers.
(2) Voir ce titre aux pièces justificatives, n° **2**.

ès halles de Paris (1). » L'analogie est frappante.

Après entérinement de ces lettres-patentes, le transport de la rente constituée fut opéré par Palamède de Forbin, vicomte de Martigues, seigneur de Soliers, conseiller et chambellan du roi et gouverneur de la province (2). Ensuite, Oronce Eme, vibailli de Briançon, mit en possession le chapitre de la cathédrale, en la personne de Guy Alamandi, protonotaire apostolique et prévôt, de Jean Franconis, sacristain, et de Giraud Bellon, tous les trois chanoines de la cathédrale.

Le chapitre d'Embrun, pour témoigner au roi sa reconnaissance, s'assembla extraordinairement, et prit une délibération dans laquelle il rappela l'affection singulière et continuelle du sérénissime et très-chrétien roi Louis envers cette

(1) Comines, tom. II, pag. 163.
(2) Palamède de Forbin, d'une illustre maison de Provence qui subsiste encore, s'employa avec un tel succès auprès de Charles d'Anjou, dernier comte de Provence, dont il était conseiller et chambellan, qu'il le porta à instituer Louis XI et les rois de France, ses successeurs, pour héritiers universels de ses États. Un si grand service ne resta pas sans récompense. Louis XI donna à Palamède le gouvernement du Dauphiné et celui de la Provence, avec une autorité presque royale, ce qui fit dire que « s'il avait fait le roi comte, le comte l'avait fait roi »

église, les revenus considérables et les oblations nombreuses dont il l'avait dotée, sans déroger aux fondations antérieures, et ordonna que chaque jour il serait célébré à perpétuité, par un de ses chanoines, une messe solennelle en l'honneur de la glorieuse Vierge, à la façon des fêtes doubles avec cinq collectes (1); la première était pour la Vierge; la seconde, pour la santé, la prospérité et les victoires du roi régnant, et, après sa mort, du roi son successeur; la troisième, pour les victoires du prince Charles, dauphin. A cette messe devaient assister trois chanoines chantres, revêtus de chapes blanches; le diacre et le sous-diacre devaient porter des dalmatiques de même couleur. Tous les chanoines, chapelains, choristes, sclassards (2) et piffards (3) étaient tenus d'y paraître; à la fin de la messe, les

(1) Dans la liturgie catholique, ce mot signifie l'oraison que le prêtre dit à la messe avant l'épître.

(2) *Sclassards* est une locution qui paraît avoir été assez fréquemment employée en Dauphiné; elle signifiait quelquefois enfants de chœur; on disait aussi esclassards et esclaffards. Quelques glossaires donnent : *clausicus, sonus tubæ; classicarii qui sonant in tubis;* c'est ici le véritable sens du mot : joueurs de trompe ou de trompette, musiciens gagés ne faisant pas partie du chœur.

(3) Fifreurs, joueurs de flûte, de hautbois ou de musette;

chantres devaient entonner une antienne de l'Épiphanie pour Notre-Dame du Réal. Enfin, le chapitre prit des mesures de rigueur contre ceux des assistants qui ne seraient pas restés depuis le *Kyrie* jusqu'à l'*Ite missa est*, contre ceux qui sortiraient sans permission, qui parleraient dans l'église ou la parcourraient de côté et d'autre ; ceux-là devaient être privés de leur part dans la somme distribuée.

Ce partage de 3,972 ducats donnés par le roi fit l'objet d'une délibération spéciale que nous devons aussi rapporter, parce que, ainsi que la précédente, elle est intéressante comme trait de mœurs du temps, et qu'elle donne une idée plus complète de la magnificence et de la pompe qu'étalait le chapitre dans la célébration de cette messe.

Disons d'abord que l'archevêque, *jouissant lui-même de très-grands revenus*, ne devait avoir aucune part dans la distribution journalière du don royal. Louis XI l'avait ordonné d'une manière spéciale, par une déclaration de 1483, faite en présence de l'archevêque de Narbonne,

---

de *piffarus, pifferus*. Du Cange. En Italie on dit encore les *pifferari*, pour désigner certains musiciens ambulants jouant de la cornemuse.

du gouverneur d'Armagnac et de quelques autres puissants seigneurs.

Une courte explication est nécessaire sur cette exclusion de l'archevêque.

Jean Baile n'avait pas les bonnes grâces de Louis XI ; il était fils de Jean Baile, premier président du parlement de Grenoble, et frère du procureur général, qui furent persécutés par ce monarque à cause de leur fidélité à Charles VII. Cet archevêque avait emprunté du chapitre mille florins dauphinois et cent marcs d'argent d'un don que son prédécesseur Jean de Girard avait fait à la cathédrale ; il lui devait encore vingt-quatre annuités de la prébende de Châteauroux. Le chapitre, qui voulut être remboursé de toutes ces sommes, se pourvut auprès de Sixte IV, et le roi favorisa ouvertement sa cause. Jean Baile était dans l'impossibilité de payer, par suite des dépenses considérables de toute nature qu'il avait faites pour sa nomination, la délivrance de ses bulles et son installation : aussi fut-il poursuivi rigoureusement par son chapitre, qui fit saisir ses revenus.

Louis XI nomma un administrateur du temporel de cet archevêché et accorda des lettres-patentes au chapitre, qui lui conféraient le pouvoir de percevoir les revenus du prélat jusqu'à concurrence des intérêts de sa dette. Le pape Sixte IV, pour soustraire Jean Baile à tous ces ennuis, l'avait envoyé à Avignon en qualité de vice-légat, d'où il ne revint qu'après avoir fait des économies qui lui permirent de payer une partie de ses créanciers.

Le motif de la précaution de Louis XI ne serait donc que la suite de son inimitié contre ce prélat. Nous allons voir que le royal donateur n'ignorait pas que si Baile avait de grands revenus, il avait aussi beaucoup de dettes.

Les historiens sont unanimes pour jeter tous les torts du côté de Louis XI et pour donner le beau rôle au président Baile et à l'archevêque, son fils. Ils ont pour le premier un document juridique dont on ne peut méconnaître l'importance; c'est l'arrêt du parlement de Grenoble du 28 juin 1484, qui réhabilite la mémoire de ce magistrat et rétracte les dispositions d'un précédent arrêt rendu par le même parlement contre lui, le condamnant au bannissement et à la confiscation de tous ses biens (1).

---

(1) On peut voir ce qu'en disent Chorier (*Histoire du Dauphiné*, tom. II), et Fauché-Prunelle, dans son *Essai sur les institutions autonomes briançonnaises*, tom. 1ᵉʳ, pag. 470 et 471.

Il n'est pas hors de propos de mentionner ici un document qui a échappé aux investigations des écrivains du Dauphiné, et qui dissipera les ténèbres qui environnaient ce point d'histoire locale. Nous devons avouer que nous comprenions difficilement l'hostilité existant entre le roi et l'archevêque d'Embrun, en présence des largesses du monarque pour l'église et le chapitre. Une lettre de Louis XI, curieuse sous plusieurs rapports, va nous expliquer les sentiments de ce prince sur l'archevêque Baile.

En août 1482, Elie de Bourdeilles, archevêque de Tours, adressa des remontrances à Louis XI au sujet de divers prélats persécutés ou dépossédés de leurs siéges. Jean Baile, archevêque d'Embrun, devait tout naturellement figurer dans ce nombre. Aussi y est-il nommé avec l'archevêque de Toulouse, les évêques de Castres, de Saint-Flour, de Coutances et bien d'autres.

Louis XI répondit article par article, et voici ce qu'il dit de l'archevêque d'Embrun et de son père :

« *Item*, d'Ambrun, il est vray qu'il est filz de messire Jehan Belle, du Daulphiné, que je feis mon advocat et puis mon président, et me fiois en luy. Quand je fus banny, se declara contre tous mes loyaulx serviteurs, et fut persecuteur extrême contre eux ; tellement qu'il confisqua les biens et le corps, s'il eust esté empoingné, et s'enfouit en Savoye et fut banny (1).

« *Item*, M. le cardinal de Touteville lui feist avoir l'evesché d'Ambrun à son filz, moyennant douze ou quatorze mille ducats, qu'il donna au dit cardinal. Oncques depuis je ne me fié au dit cardinal, et dure encores la deffiance. Et faist entendre au pape qu'il avoit passé vingt deux ans, dont il n'estoit riens. Par quoy, voyant qu'il estoit filz d'un traistre et qu'il n'avoit nul droit à l'archeveschié (car il avait donné faulx à entendre), je essayé tout ce que je peu que le pape le translatast ailleurs : ce qu'il eust fait bien legièrement pour les raisons dessus dictes, se n'eust esté mon dit sieur le cardinal auquel il grevoit de rendre cest argent qu'il avoit eu, et tenoit la main au contraire (2). Après et par le bien publicque, il fait des sédicions au pays, ce qu'il peut; et pour tout cela je l'avoye laissié en paix. Mais quant le

(1) L'arrêt du parlement de Grenoble qui prononça le bannissement et la confiscation est du 2 juin 1463.

(2) Le P. Richard soutient que Jean Baile fut pourvu tout jeune de l'archevêché d'Embrun par la faveur du cardinal d'Estouteville, et il croit que le cardinal n'avait pas employé gratuitement son crédit.... Albert, *Histoire du diocèse d'Embrun*, tom. II, pag. 200.

duc de Bourgoingne ala en Savoye, il mit la main de voye et de faict sur moult de mes officiers, et tous ceulx qui étoient bons parcias (1) pour moi, il les excommunioit, et s'ils n'estoient officiers il les prenoit par voye de fait, ceulx qu'il povoit, et ceulx qu'il ne povoit, il les excommunioit, et les aultres il les diffamoit, prenoit mon argent de la taille et raençonnoit ceulx qui la payoient.

« *Item*, raençonna moult de particuliers, et brief a raençonné tout le pays, tellement qu'ils sont venus crier justice, et plus que justice qu'il leur falloit laissier le pays. Et au regart de la prudhommie si elle ne luy est venue depuis deux ans, il n'en eut oncques renommée; mais tout au contraire bruict est que son père estoit fort hypocrite et destruioit moult de gens es montagnes delà où il estoit, et est fort vindicatif et rapineulx, et si est le fils de plus fort vindicatif qui soit au monde; et tous ceux qu'il hait il les détruit de corps et de biens, seulement ceulx qui ont esté ennemis de luy ou de son père. Vray est

---

(1) *Parcias* veut dire ici partisan, de *pars, partis*. Les latins disaient *partem tenere Cæsaris*, être du parti de César. Ce mot se prenait aussi plus familièrement dans le sens de compagnon partageant la même fortune. On disait *parconier*, qui partage, complice, camarade, et *parçon* pour *portion*, du latin *portio*.

qu'il a une sœur qu'on dit qui vit très-bien et saintement; mais en toute sa lignée n'en y a nul aultre. J'é bien donné des provisions contre les pilleries qu'il faisoit (1). Il est vray que maistre Jacques se accointa du neveu du pape, Mgr le cardinal d'Avignon, lequel lui feit avoir des provisions contre le dit evesque sans mon sceu (2). Depuys n'en ay escript au pape et au cardinal,

(1) Louis XI fait plusieurs fois allusion dans cette lettre aux rigoureuses poursuites dirigées par Jean Baile contre les Vaudois, et aux plaintes qu'ils lui adressèrent et qui motivèrent les lettres-patentes qu'il donna à Arras, le 18 mai 1478, dans lesquelles on lit : De la part des manants et habitants de la Valloyse, Freyssinières, Argentière, Pragelas et autres lieux, tous tels qu'ils se tiennent et comportent, nous a été exposé qu'aucuns religieux mendiants, sous ombre d'office d'inquisiteurs de la foy, les aucuns ont mis en jehenne et question sans information précédente, ont pris et exigé fortes sommes et deniers, et par divers moyens les ont injustement vexés et surveillés, à leur grand préjudice et dommage...... Pourquoy avons, après bonne délibération...... voulu et ordonné, voulons et ordonnons, aboli et abolissons, mis et mettons au néant par ces présentes, toutes poursuites et entreprises quelconques....

(2) Jacques de Caulers, compétiteur de Jean Baile, fut nommé à l'archevêché d'Embrun par une bulle du pape, mais l'influence de Guillaume d'Estouteville ne lui permit pas d'en prendre possession. Les historiens d'Embrun avaient attribué à tort à l'initiative de Louis XI la nomination de Jacques de Caulers. Voir Albert, tom. II, pag. 200

et le pape m'a escript, ainsi que Mgr d'Alby a veu, par quoy je n'ay nulle charge de conscience. Je ay conseillé au dit maistre Jacques que, se le pape le faisoit faire, qu'il ne m'en parlast plus, et se le pape y eust voulu remédier, je l'eusse laissé faire sans l'empescher (1)..... »

Ne perdons pas de vue que la lettre d'Élie de Bourdeilles est du 11 août 1482 et que la réponse du roi est, par conséquent, postérieure de quelques jours. A cette époque, Louis XI était presque arrivé au terme de sa carrière; sa lettre est une sorte de confession générale sur ses relations avec le clergé, et en parlant de l'archevêque d'Embrun, il dit qu'il n'a à son égard nulle charge de conscience. Si donc, en dehors de l'inimitié qu'il avait vouée au père, les accusations qu'il porte contre l'archevêque étaient vraies, il avait bien quelques raisons pour lui tenir rigueur, et la mesure qu'il avait prise de le priver de sa part dans la distribution des 3,972 ducats se trouverait suffisamment justifiée. Re-

---

(1) Cette pièce se trouve dans l'édition de la Pragmatique sanction de Charles VII, donnée par Pinsson en 1666, pag. 996, et dans l'Histoire de Charles VII et de Louis XI, par Thomas Basin, publiée par M. J. Quicherat, pour la Société de l'histoire de France. Tome IV, pag. 399 et suiv.

marquons encore que le pèlerinage du roi, en 1481, et la réception que lui aurait faite Jean Baile auraient bien peu modifié ses sentiments pour le prélat Mais revenons à notre sujet.

Voici donc quelques détails sur cette distribution :

Le chanoine célébrant, indépendamment des autres distributions, recevait un ducat par semaine.

Chaque chanoine devait officier sa semaine sans pouvoir se faire remplacer.

A chaque messe devaient assister cent servants, y compris les chanoines.

Outre les chanoines, il devait y avoir cinquante chapelains choisis par le chapitre; ces chapelains devaient faire partie des cent assistants.

Si l'un des assistants violait l'ordonnance du chapitre, s'il était de mauvaise vie, de mœurs déréglées et qu'il ne prît aucun soin de se corriger sur les admonitions du chapitre, il était privé de sa part aux distributions et remplacé par un plus méritant (1).

(1) Cette mesure ne s'appliquait évidemment qu'aux enfants de chœur et aux musiciens gagistes.

Les distributions faites, ce qui restait du don royal devait servir à la réparation de l'église, ou être employé en habits, en ornements, en joyaux, ou bien à la conservation et à la défense des droits du chapitre et affecté aux dépenses jugées nécessaires.

Louis XI s'empressa de confirmer ces délibérations par lettres-patentes données à Notre-Dame de Cléry, le 16 juillet 1481. Il a soin d'y rappeler encore sa grande et singulière dévotion en la benoîte, glorieuse Vierge Marie, honorée en l'église d'Embrun. Il approuve les résolutions prises par le chapitre : « Lesquelles constitutions et ordonnances nous avons et tenons pour agréables et icelles louons et approuvons en tant qu'à nous est (1). »

Remarquons encore que c'est en juillet 1481 et à Notre-Dame de Cléry qu'ont été données ces lettres-patentes ; c'est là, comme nous l'apprend Comines, que le roi se retira après son pèlerinage à Saint-Claude. Ne voyons-nous pas dans l'octroi de ces lettres-patentes, datées de Thouars et de Notre-Dame de Cléry, une preuve que Louis XI, gravement malade, n'était pas venu à

---

(1) Voir ces lettres-patentes aux pièces justificatives, n° 3.

Embrun? S'il en avait été autrement, une de ces lettres, au moins, n'aurait-elle pas porté la date de son séjour dans cette ville? N'aurait-il pas tenu à honneur de doter l'église sur les lieux mêmes où la Vierge opérait des prodiges? Pouvait-il, après être allé à Saint-Claude, venir à Embrun? En 1480 et 1481 ses courses et ses pèlerinages devinrent moins fréquents; il restait presque toujours confiné dans son château de Plessis lez Tours (1). Ces raisons et le silence de tous les historiens, ceux d'Embrun exceptés, nous paraissent décider la question.

Cependant, si des doutes pouvaient subsister encore, ils seraient levés par le fait suivant que nous trouvons mentionné par le P. Fornier, dans les chapitres qu'il consacre aux miracles (2).

Le 28 octobre 1482 la peste régnait à Embrun; le chapitre, qui avait quitté la ville, s'assembla dans une prairie près de la porte St-Marcellin, et il reprit aigrement Guillaume d'Aimonet, précenteur, et Antoine Cornaloris, chanoine créé de l'église cathédrale, de ce qu'ayant été députés

---

(1) Henri Martin, *Histoire de France*, tom. VIII, p. 164, édition de 1844.

(2) Chapitre III, *Epileptiques guéris*, pag. IV.

par le chapitre, au mois de mars précédent, vers Louis XI, et étant *enquis par ce roi et par du Bouchage quelle maladie était celle laquelle Notre-Dame-d'Embrun guérissait plus fréquemment,* ils avaient répondu que ce n'était pas l'épilepsie, mais bien un autre mal dont ils ignoraient la nature ; ce qui était, disait le chapitre, une ignorance ou une malice intolérable ; et, après une très-aigre et longue censure, d'Aimonet et Cornaloris répondirent qu'ils avaient été à Bourges, *et que là, ayant été interrogés par le roi* sur ce sujet, ils lui avaient décrit la maladie avec ses symptômes et *fait entendre que tous ceux qui allaient en pèlerinage à Embrun,* le jour de la Nativité, n'en avaient nulle atteinte durant l'année ; mais que s'ils ne continuaient pas toute la vie, le mal leur revenait, chaque mois ou chaque semaine, l'année qu'ils avaient négligé d'y aller : *et qu'ils laissaient aux physiciens et aux médecins à disputer du nom d'épilepsie.*

On sait les craintes que la mort inspirait à Louis XI et l'empire absolu que son médecin Coictier exerçait sur son esprit. Les croyances populaires étaient allées jusqu'à l'accuser de faire humer à son malade le sang chaud de jeunes enfants et même de le lui faire boire pour rappeler les principes vitaux qui abandonnaient son corps délabré.

La députation du chapitre d'Embrun, en 1482, provoquée par le roi lui-même, on n'en saurait douter, est une preuve nouvelle de cet invincible effroi qu'il conserva jusqu'à sa dernière heure ; elle semblerait même faire soupçonner quelque chose de plus.

Notre-Dame d'Embrun avait la réputation de guérir les épileptiques. Le Livre des miracles nous apprend que le nombre des cures merveilleuses de ce genre opérées par la Vierge était tellement considérable, que dans la contrée on appelait cette maladie le mal de Notre-Dame. Louis XI en était instruit ; il avait appris la résurrection de Martin Rame dont nous avons parlé ; ce miracle, arrivé vers 1481, avait eu un immense retentissement ; déjà même à cette époque le roi avait été frappé de plusieurs attaques, que l'histoire nous dit avoir été des attaques d'apoplexie. Nous voulons bien admettre que l'histoire ne se soit point trompé et que les symptômes de la maladie aient été parfaitement bien étudiés et très-sûrement constatés par la science médicale de l'époque, par l'expérience de Coictier ; mais qui oserait dire que le doute n'avait pas pénétré dans l'esprit inquiet du malade ? Qui oserait dire qu'en songeant à Martin Rame une lueur d'espoir n'avait pas un instant brillé à ses yeux ? Ces espérances ne sont-elles pas dans la nature ? N'étaient-elles pas dans le caractère de Louis XI ? Or, Martin Rame, s'il faut en croire les légendes et la tradition, avait succombé aux attaques de l'épilepsie ; dès-lors, serait-ce trop s'aventurer que d'attribuer indirectement à cette terrible maladie le don de cette rente de 3,972 ducats, qui, il faut le retenir, ne fut constituée qu'après les premières atteintes d'un mal imparfaitement défini. La générosité de Louis XI ne s'explique-t-elle pas par la gravité du péril et le soin qu'il prend de faire interroger les chanoines par du Bouchage, de les voir lui-même, de se faire décrire les caractères et les symptômes de l'épilepsie, de s'informer des obligations auxquelles devait se soumettre le pèlerin atteint de ce mal : tout, jusqu'à la mauvaise humeur du chapitre contre les deux députés, semblerait indiquer que l'entourage du roi, le roi lui-même et l'opinion publique crurent un instant, à tort ou à raison, à une affection épileptique.

Sans doute, nous ne voulons présenter ces considérations qu'à titre de conjectures, mais on nous concèdera qu'elles étaient permises en présence d'un pareil document.

Louis XI recula, sans doute, devant la longueur, les fatigues du voyage et la perspective d'un pèlerinage qui devait se renouveler tous les ans ; sa santé ne lui permit pas de l'entreprendre. Ce qu'il importe de ne pas perdre de vue, c'est qu'en 1482, il se renseignait sur la maladie que Notre-Dame guérissait principalement, d'où la conclusion forcée qu'il n'était pas venu à Embrun en 1481, parce que, dans l'hypothèse d'un voyage à cette époque, la députation devenait inutile : le monarque aurait recueilli sur place les renseignements qu'il se faisait porter à Bourges un an plus tard.

Une dernière preuve, car enfin nous luttons contre une opinion tellement accréditée, que nous avons besoin d'en démontrer l'erreur jusqu'à l'évidence.

On trouve dans un ancien extrait des registres de la chambre des comptes de Grenoble les détails suivants :

« Le roy Louis XI® ayant fait un voyage à Saint-Claude pour obtenir la santé, s'en alla à Amboise pour voir Charles, son fils, qu'il fesoit elever dans le chasteau du dit lieu, et se sentant aprocher de sa fin, il donna plusieurs avis à son dit fils pour sa conduite et pour le gouvernement du royaume ; il lui représenta, entre autres choses, les soins et les fatigues qu'il avoit eu à conserver l'estat, comme il en avoit estendu les limites malgré les troubles dont il aveit esté agité ; la faute qu'il avait faite d'esloigner du gouvernement les princes du sang et les officiers de Charles VIIe son père, ce qui luy avoit attiré une infinité d'affaires par les rebellions; il luy recommanda sur toutes choses pour éviter ces désordres de se servir dans le ministère des princes et seigneurs de son sang, de maintenir dans leurs charges tous les officiers qui en estoient pourveus et qui avoient esté zélés pour le bien de l'estat durant son regne et celuy de son père ; et après plusieurs autres remontrances, les quelles le dit Charles, son fils, promit de suivre fidellement, il le fit retirer auprès de ses officiers, pour délibérer encore avec eux sur ce fait ; après quoy le dit Charles revint devant luy et luy promit solemnellement avec serment sur les évangiles d'executer ponctuellement ses ordres. Le roy luy ayant ensuite recommandé en particulier plusieurs de ses bons officiers, il les confirma en tant que de besoin dans leurs charges, et fit expédier des lettres de tout ce que dessus, à Amboise, le 21 septembre 1482 (1).

(1) Ces instructions, qui furent envoyées à tous les par-

« Après que le roy eut fait les sus dites re
montrances à son fils et confirmé tous ses officiers
dans leurs charges, il envoya les sus dites lettres
patentes avec une lettre de cachet par un escuyer
de l'escuyerie, adressées au parlement et à la
chambre des comptes de Grenoble, où s'en fit
la lecture et la vérification, le six septembre 1483,
avec un mandement exprès de les enregistrer et
publier dans toutes les judicatures. Le roy, par
sa lettre de cachet, expose *qu'ayant fait en
grande dévotion le voyage de Monseigneur
saint Claude, et despuis à Nostre-Dame de
Cléry, à laquelle il avait une confiance particulière*, il estoit allé voir en passant son fils à
Amboise, au quel ayant donné les instructions
contenues dans ses lettres, il avoit confirmé tous
ses officiers, et enjoint en même temps de faire
enregistrer et publier les sus dites lettres.

« Ceux qui se trouvaient alors dans le parlement estoient : Pierre Gruel président, Geoffroy
de l'Esglise, Jean de Vantes, Jean Rabot, conseillers delphinaux, Claude Latier, avocat fiscal ;

lements du royaume, se trouvent reproduites plus au long
dans les mémoires de Ph. de Comines, édition de Lenglet
du Fresnoy, tom. IV, pag. 89.

Guy de Montfort, Baudoin Meurin et Aynard Pradel, auditeurs des comptes. »

Comme on le voit, ces lettres ne furent enregistrées au parlement de Grenoble qu'après la mort de Louis XI, arrivée le 30 août 1483.

Ce qui est important, c'est le silence du roi sur le pèlerinage d'Embrun, ville du Dauphiné. Écrivant au parlement de cette province et à la chambre des comptes, Louis XI n'aurait certainement pas manqué de rappeler ce voyage, s'il avait été fait en 1481, et les registres du parlement l'auraient mentionné. Ce silence est pour nous une preuve décisive.

Nous pensons avoir épuisé la question ; nous n'y reviendrons plus.

Afin d'assurer la perpétuité de ses dons et l'exécution de la délibération du clergé d'Embrun, le roi eut recours au saint-siège, et Sixte IV confirma le tout, lettres-patentes et délibération, par une bulle du 23 janvier 1482. Cette bulle commettait l'évêque de Glandèves et les officiaux de Gap et de Grenoble pour l'exécution des statuts dressés selon l'intention du royal donateur.

Nous arrivons à la bulle de Sixte IV, par laquelle ce pontife nommait Louis XI et tous les rois de France ses successeurs, chanoines de la cathédrale d'Embrun, avec le droit de porter le surplis, la chape et l'aumusse (1). Cette bulle est, comme la précédente, du 23 janvier 1482. Voici à quelle occasion elle fut décrétée :

Une prébende était devenue vacante dans l'église d'Embrun, par la mort du titulaire Mondon David. Le chapitre avait conféré cette prébende et chanoinie à son très-cher fils Louis, illustre roi de France. C'était, de sa part, un moyen de prouver sa reconnaissance à son bienfaiteur.

Louis XI avait accepté avec le plus vif empressement, en ces termes : « A ce que soyons participant ez bienfaits, prières et oraisons de Nostre-Dame d'Embrun, en nostre pays de Daulphiné, auquel lieu et église avons singulier amour et dévotion. »

Le chapitre, probablement, s'était adressé au saint-père et lui avait demandé la confirmation de la mesure qu'il avait prise. Sixte IV, sans que le roi de France l'en eût requis (il a soin de le dire), et de son propre mouvement, confirme

---

(1) L'aumusse est une fourrure dont jadis les chanoines, les moines et les laïques se couvraient la tête et les épaules pendant l'hiver, et qui se portait communément sur le bras gauche pendant l'été. On en faisait un usage fréquent dans les climats rigoureux. La manière de porter l'aumusse et de la quitter pendant certaines parties de l'office faisait l'objet de règlements particuliers dans chaque église.

la collation de ce bénéfice, dont les revenus n'excédaient pas vingt-cinq livres tournois.

« Et néanmoins, pour que cette église puisse avoir un honneur plus durable à l'occasion de cette collation, nous voulons que cette chanoinie et cette prébende passent à tous les rois de France qui succèderont à Louis, dès qu'ils seront montés sur le trône, de plein droit, sans autre création, collation, ni provision de nous ou de nos successeurs, les pontifes romains, du chapitre de l'église d'Embrun ou autre quelconque, et que sans autre formalité, ils soient tenus et réputés chanoines et premiers chanoines de la même église.... Que toutes les fois que Louis et ses successeurs iront dans cette église, nous voulons et ordonnons par ces présentes qu'ils puissent et doivent avoir et porter le surplis, la chape, l'aumusse et tous les autres habits et marques de chanoines, de la même manière que les autres, prendre place au chœur immédiatement après l'archevêque, au-dessus du chapitre et avant le prévôt.... (1). »

---

(1) Quodque Ludovicus et successores prædicti, quoties ad eamdem ecclesiam accesserint, superpellicium, cappam, almutiam atque alia canonicalia indumenta, et insignia deferre, ad instar aliorum dictorum ecclesiæ canonicorum,

Tel est cet acte fameux qui a été considéré à tort comme un des plus bizarres dont l'église d'Embrun ait gardé le souvenir. Les chanoinies étaient sollicitées autrefois par des personnes qui n'étaient pas dans les ordres religieux; Guy-Pape sollicita et obtint, en 1461, pour son fils Jean, une chanoinie à la cathédrale d'Embrun. En conférant spontanément cet honneur à Louis XI, Sixte IV savait ne pas devoir éprouver un refus, car, par une bulle du 9 mars 1471, il avait déjà nommé ce monarque chanoine de Notre-Dame de Cléry (1).

Faut-il, en passant, relever les erreurs des

---

ac primum stallum in choro, post archiepiscopum Ebredunensem pro tempore existentem, et locum in capitulo etiam supra et ante præpositum ipsius ecclesiæ, habere possint et debeant. — Voir cette bulle aux pièces justificatives, n° 4.

(1) Godefroy, qui donne cette bulle, la fait précéder des lignes suivantes :

« Les curieux voudront bien savoir que le pape Sixte IV concéda audit roi Louis XI et à ses successeurs rois de France d'être chanoines de Notre-Dame de Cléry, de siéger dans le chœur d'icelle église, et au chapitre, au-dessus du doyen ; de porter le surplis, la chape et l'aumusse, et accorda que lesdits chanoines seroient doresnavant appelés *protocanonici*, en considération de ce que ce prince avoit eleu ladite église pour lieu de sa sépulture. » *Hist. de Charles VIII*, pag. 351.

écrivains qui, après avoir fait venir le roi en 1481, ne craignent pas de le vêtir du surplis et de l'aumusse, *selon l'usage des Dauphins?* Ils n'ont pas remarqué que ce droit ne fut conféré qu'un an après, en 1482, aux rois de France, *dès qu'ils auraient acquis la couronne.* Faut-il relever la fable de la grille d'argent promise d'abord à Notre-Dame d'Embrun, puis refusée, et donnée à Notre-Dame de Lorette, qui vint en aide à Louis XI dans *la perpétration d'un de ses petits crimes?* Si cela était, nous aurions à remercier la bonne patronne de cette ville sur ses scrupules; mais nos éloges sembleraient être un blâme envers Notre-Dame de Lorette, et nous n'avons pas le désir d'entamer une discussion aussi puérile. Nous nous bornerons à signaler l'invasion, palpable ici, du roman dans l'histoire.

« Bénie soit Notre-Dame d'Embrun; je changerai en grille d'argent la grille de fer qui entoure son autel. »

Tel est le langage que tient Louis XI.... *dans Walter Scott* (1).

« Douce Notre-Dame de Cléry, dit-il autre part, *dans le même historien* (2), bienheureuse mère

---

(1) *Quentin Durward*, chap. 26, *L'Entrevue.*
(2) Id. chap. 28, *Incertitude.*

de merci, toi qui es toute-puissante auprès de la toute-puissance, prends pitié de moi... Il est vrai que je t'ai un peu négligée pour ta bienheureuse sœur d'Embrun; mais je suis roi, mon pouvoir est grand, mes richesses sans bornes, etc. »

Nous préférons à ces invocations celle que rapporte Brantôme, bien que la tradition à laquelle a puisé le chroniqueur soit aussi suspecte :

« Ah! ma bonne dame, ma petite maîtresse, ma grande amie, en qui j'ai eu toujours mon reconfort, je te prie de supplier Dieu pour moi, et être mon advocate envers lui; qu'il me pardonne la mort de mon frère.......; je m'en confesse à toi comme à ma bonne patronne et maîtresse. Mais aussi qu'eussé-je sceu faire? il ne me faisait que troubler mon royaume. Fay moi donc pardonner, et je sçay ce que je te donneray (1). »

Voilà l'histoire de la grille d'argent, de la concurrence de Nos Dames d'Embrun, de Cléry et de Lorette dans l'esprit du monarque, et de leur assistance dans les *petits crimes* de l'illustre pénitent.

Nous ne pouvons donc pas parler autrement de cette grille qu'on aurait été fort embarrassé

(1) On prétendait que le fou de Louis XI avait autrefois entendu cette prière de la bouche du monarque.

de mettre devant le Réal : Walter Scott l'ignorait, sans doute. Mais nous savons que Louis XI fit un autre don considérable à la cathédrale. Ce sont les orgues sur lesquelles furent sculptés son portrait et celui de son fils Charles le dauphin.

Ces orgues sont placées contre le premier pilier de la voûte qui soutient le clocher ; elles sont belles et hardiment posées. L'historien Fornier, et après lui, Albert, ont écrit que les tuyaux étaient en argent et que les calvinistes les avaient enlevés. Nous avons vainement cherché, et nulle part nous n'avons trouvé une preuve positive de ce fait, que nous sommes cependant, en quelque sorte, forcé d'accepter par la tradition ; les historiens nous donnent la nomenclature des objets précieux emportés par les religionnaires ; ils omettent de mentionner les orgues à tuyaux d'argent ; Videl, Chorier et Bouche se taisent aussi sur cette circonstance.

M. Marigny donne une autre version :

« Il lui fit faire de belles orgues, dont les tuyaux étaient en argent, selon le dire des populations ; mais il est certain que, dans cette occasion, il trompa le peuple et la Vierge. Il lui avait bien promis une grille de chœur en argent, etc. (1). »

(1) *Album du Dauphiné*, tom. III, pag. 141

Nous ne savons où cet écrivain a puisé la certitude de cette tromperie : c'est probablement encore dans *Quentin Durward*. Pour nous, nous avouons humblement notre ignorance sur ce *fait certain*. Nous ne pouvons nous associer à ce parti pris de raillerie, que la mémoire de Louis XI permet peut-être, mais que notre sujet ne peut autoriser.

Les portraits de Louis XI et du Dauphin furent respectés par les huguenots, mais ils ont été détruits plus tard; on ne les voit plus. La place qu'ils occupaient sur le buffet des orgues porte encore des traces de mutilation. Aujourd'hui on montre au visiteur une peinture sur bois, accrochée au mur de l'église, à gauche de l'autel de la Vierge, que l'on donne à tort pour le portrait de Louis XI. Le costume, en effet, se rapproche assez de celui de l'époque, mais les peintres alors n'écoutaient que leur caprice et leur fantaisie : les questions de temps et de lieu n'étaient pas sérieuses pour eux. Le personnage représenté est vêtu d'une longue robe fourrée et coiffé d'une sorte de bonnet carré, porté sur la fin du XVe siècle par les magistrats, avocats, docteurs et professeurs ; mais on n'a pas fait attention que la tête est nimbée et que c'est un saint que l'artiste a voulu représenter.

Nous ne pensons pas que Louis XI, tout dévot qu'il fût, ait jamais songé à se faire passer pour saint, même dans ses portraits. Nous serions plutôt tenté de croire que cette image est celle de saint Yves, patron des légistes et avocat des pauvres. Il est présumable qu'Embrun, patrie par excellence des confréries, en avait une pour les avocats et les procureurs, sous l'invocation de leur bienheureux patron, et que ce panneau appartenait à un des meubles dans lesquels ils enfermaient leurs croix, leurs bannières, leurs écussons, leurs cierges, tout leur matériel en un mot. On voit encore, en entrant par le portail de la façade, un second panneau d'égale dimension, représentant le même personnage dans une autre attitude et portant autour de la tête le signe de sa béatification (1).

Louis XI ne s'est donc signalé à l'égard de Notre-Dame d'Embrun que par des bienfaits nombreux, considérables et souvent répétés.

---

(1) Les conjectures que nous avions émises dans notre première édition se sont changées en certitude. M. l'abbé Jame, vicaire, auquel nous devons une foule de bons renseignements, a voulu examiner ces tableaux de près, et il a pu lire dans le coin de l'un d'eux l'inscription suivante : S. IVO. IVTVS. OFFICIALIS. PAUPER. ADVOCAT. Saint Yves, official intègre, avocat des pauvres.

Après avoir tourné en ridicule sa dévotion à la madone du Réal, dévotion qui nous a paru toujours sincère dans les actes de ce prince, les écrivains ont voulu encore démontrer que la mauvaise humeur du monarque se tournait, non-seulement contre la Vierge, mais encore contre le prélat qui tenait le siége de cet archevêché.

Sur ce terrain ils peuvent être plus heureux, et fournir autre chose que des allégations. Nous avons signalé l'aversion profonde de Louis XI pour Jean Baile, le fils du malheureux premier président du parlement de Dauphiné, et nous accepterions comme très-probables toutes les mesures rigoureuses prises contre lui. Nous ne connaissons que celle relative à la distribution des 3,972 ducats de la fondation perpétuelle. En voici une autre que nous donnons sans en accepter la responsabilité (1). Il paraît que le pape Innocent IV avait concédé aux archevêques d'Embrun une certaine juridiction sur le chapitre, les chantres et les clercs, avec pouvoir de les réprimander et de les punir. Aussitôt que Louis XI eut reçu le titre de protochanoine, ce droit le tourmenta à tel point qu'il aurait entrepris,

---

(1) Nous la laissons à l'historien Albert qui a reproduit le P. Fornier. Voir l'histoire du premier, tom. II, pag 8.

avec Sixte IV, une correspondance très-sérieuse, dans le but de le leur faire enlever. Le pape aurait résisté.

Ce fait, présenté par M. Marigny comme un trait du caractère de ce prince, et pouvant donner la mesure de son naturel envahisseur, s'expliquerait d'une façon toute naturelle.

En acceptant le titre de premier chanoine, distinction purement honorifique, Louis XI n'en devenait pas moins, par une fiction légale, ainsi que les rois ses successeurs, le justiciable de l'archevêque, position anormale qui affaiblissait son autorité, dont il était si jaloux. Le chapitre d'Embrun pouvait être frappé tout entier par une décision archiépiscopale, qui aurait atteint indirectement le royal protochanoine, et dès lors, cette mesure aurait créé à ce monarque une position inacceptable vis-à-vis de Jean Baile, qu'il considérait comme son ennemi.

C'est peut-être en ce sens que Louis XI correspondit avec Sixte IV, et le pape, en ne cédant pas devant des motifs plus spécieux que fondés, eut raison de conserver à l'archevêque ce droit, qui ne le défendit cependant pas contre la saisie de ses biens, à laquelle le chapitre fit procéder contre ce prélat.

Nous croyons plutôt que la correspondance du

monarque et du pape avait trait à des mesures autrement graves et importantes, à l'établissement de divers bailliages qu'il fit pour contrebalancer la juridiction ecclésiastique.

Mais cependant le P. Fornier nous signale une sorte de rébellion passagère contre les dispositions du roi.

A peine les statuts confirmés par le pape avaient-ils été publiés par l'évêque de Glandèves, qu'une sorte de résistance se manifesta dans leur exécution, et qu'on vit à Embrun un nommé Jean Joguet, se disant chevaucheur du roi et commissaire de Sa Majesté *au pourchas d'aucuns haineux et malveillants dudit chapitre*, s'opposer à l'exécution des statuts.

Louis XI, informé de ce qui se passait à Embrun, donna pouvoir à chaque membre du chapitre d'informer contre les coupables, et de les faire conduire aux prisons de Grenoble ; les mesures les plus sévères furent prises contre ceux qui parvinrent à s'échapper : c'étaient le bannissement et la confiscation. Jacques de Miolans, gouverneur du Dauphiné, commis par Louis XI pour l'exécution de ses ordres, s'empressa d'envoyer au juge d'Embrun les lettres-patentes de ce prince, pour qu'il fît les diligences nécessaires.

Nous n'avons pu trouver la suite de cette affaire ni savoir au juste ce qui avait provoqué ces rigueurs, les seules que ce monarque ait exercées dans une ville qu'il aimait. Ce qui est très-certain, c'est que, jusqu'au dernier moment, il donna la preuve de sa sollicitude pour l'église d'Embrun, car, l'année même de sa mort, il demanda et obtint du pape Sixte IV que les revenus litigieux des bénéficiers de la métropole tourneraient au profit du chapitre.

Telles furent les relations de Louis XI avec le clergé d'Embrun. On le voit, elles furent empreintes de la plus grande bienveillance ; il le dota richement, lui fit des présents considérables dont nous n'avons pu signaler qu'une partie, mais qui inspirent au P. Fornier les expressions dithyrambiques de la plus vive admiration.

Pour nous, nous bornerons là ce que nous avions à dire sur ce roi ; nous n'avions ni à faire son éloge ni à le défendre : depuis longtemps l'histoire a établi d'une manière sévère le bilan de ses vertus et de ses crimes. Nous savons que sa vie dévote était, en apparence, une perpétuelle contradiction, un mélange de superstition et de foi ; qu'il consultait les astrologues et les devins au sortir de son oratoire ; mais nous croyons fermement qu'il a tenu toutes les promesses qu'il avait faites à *sa bonne maîtresse*, Notre-Dame d'Embrun ; nous savons qu'il l'a comblée de présents ; nous croyons qu'étant Dauphin il s'est prosterné devant elle ; qu'il y serait venu en 1481, si sa santé le lui avait permis ; et si parfois il bouda Notre-Dame du Réal, ne voyons là qu'un des mauvais côtés du caractère de ce prince, à la fois terrible et pusillanime, dont Fléchier a pu dire qu'il entreprenait les pèlerinages plutôt par timidité que par pénitence.

CHAPITRE IV.

Charles VIII fait un pèlerinage à la Vierge; date précise de son voyage; sa réception — La donation de Louis XI est révoquée. — Louis XII passe à Embrun. — Une bulle de Léon X. — François Ier entre en Italie; marche de son armée. — Entrée de Henri II; il est reçu comme chanoine.

Louis XI paraît avoir transmis à Charles VIII la dévotion qu'il avait pour la Vierge d'Embrun, mais cette vénération ne se manifesta pas chez le fils de la même manière : au lieu de faire des dons et des largesses, il en aurait volontiers accepté, au lieu de doter la Madone il la dépouilla. On révoqua sous son règne cette fondation perpétuelle, à laquelle Louis XI avait voulu donner la consécration papale pour en assurer le service à tout jamais. Mais si Charles VIII fut économe de sa bourse, il ne paraît pas avoir été avare de ses voyages. Il vint à Embrun deux fois pendant son règne, et ici les hésitations disparaissent en présence de l'unanimité des historiens.

S'il faut en croire Albert, il aurait, dès 1484, adressé au chapitre d'Embrun des lettres-patentes dans lesquelles il lui annonçait qu'il le prenait sous sa haute protection. Cette tutelle royale devait s'étendre sur les chanoines, les dignitaires, les bénéficiers; les enfants de chœur même devaient y participer; il leur promettait à tous des soldats pour les défendre, et les autorisait à mettre sur les portes de leurs maisons les armes du Dauphin, pour montrer qu'elles étaient sous sa sauvegarde.

Charles VIII avait alors quatorze ans : Anne de Beaujeu, sa sœur, était toute-puissante, elle gouvernait le royaume. Nous ne pouvons trop dire ce qu'il arriva de la promesse faite par cet enfant-roi; elle ne doit être mentionnée que comme témoignage des sentiments bienveillants du jeune monarque envers le chapitre.

La dévotion à Notre-Dame d'Embrun ne faisait que s'accroître, la confiance des pèlerins redoublait, les miracles devenaient plus fréquents.

Le roi, d'une mauvaise constitution, avait été souvent malade; on sait qu'il avait passé une partie de son enfance au château d'Amboise, où de longues souffrances avaient déformé son corps. S'il faut en croire Chorier, il aurait fait un vœu à Notre-Dame du Réal et serait venu l'accomplir en novembre 1489.

« Mais, dit Chorier, la dévotion que l'on avait en ce temps-ci pour Notre-Dame d'Embrun n'était pas un zèle aveugle. Dieu y faisait tous les jours tant de merveilles par l'intercession de sa sacrée Mère, que le roi s'y voua dès une grande maladie; ayant recouvré sa santé, il y vint rendre son vœu en personne; il arriva à Grenoble le sixième jour du mois de novembre 1489, et en partit le lendemain pour Embrun, où il ne demeura que deux jours. Après, il retourna, par Artas, à Lyon, d'où il était venu, et y fit séjour jusqu'aux fêtes de Noël (1). »

Un titre, trouvé dans l'église de Réalon (2), confirme le récit de Chorier, mais il constate que le roi était à Embrun le 20 novembre. Albert ne parle pas de vœux faits pendant une maladie; il assigne une autre cause à ce voyage, qui aurait

---

(1) Chorier, tom. II, pag. 493.
(2) Commune de l'arrondissement d'Embrun.

été entrepris pour visiter Embrun, ville frontière, et la fortifier contre l'empereur Maximilien.

Le pèlerinage de Charles VIII, en novembre 1489, peut jeter un certain jour sur une date obscure de l'histoire d'une autre ville du Dauphiné; nous voulons parler de l'entrée et du séjour de ce prince dans la ville de Vienne, qui paraissent avoir été ignorés de Chorier.

M. Paul Allut a trouvé dans la bibliothèque de l'école de médecine de Montpellier un manuscrit contenant le récit de l'entrée de Charles VIII à Vienne. Dans la préface de la publication qu'il en a faite, l'auteur semblerait incliner à penser que cette entrée aurait eu lieu en 1489, et nous lisons dans une notice sur André d'Espinay, archevêque de Lyon, les renseignements qui suivent (1) :

« En décembre 1849, Charles VIII, à son retour d'un pèlerinage à Notre-Dame d'Embrun, vint à Lyon jusqu'aux fêtes de Noël; le premier du mois, il avait fait à Vienne, en Dauphiné, une entrée solennelle. »

M. Pilot, archiviste du département de l'Isère, a publié aussi sur cette même entrée une relation

(1) *Notice sur André d'Espinay*, par Péricaud aîné, Lyon, 1854, pag. 8, note 1.

manuscrite déposée aux archives de l'ancienne chambre des comptes du Dauphiné (1), qui en fixe la date au 1ᵉʳ décembre 1490.

Sans avoir la prétention de trancher cette question, nous nous bornerons à dire que la présence du monarque à Embrun, en novembre 1489, donne beaucoup de créance à l'opinion de M. Allut, et, quant à la différence des dates, il ne faut pas perdre de vue que les années commençant alors soit à Pâques, soit au 1ᵉʳ janvier, il en résultait fréquemment chez les chroniqueurs des confusions difficiles à éclaircir.

Quoi qu'il en soit, le fait du pèlerinage est constant : Charles VIII vêtit à l'église le surplis et l'aumusse; on ne doit pas douter qu'il n'ait été reçu en qualité de protochanoine (2) : il nous est resté de cette réception une pièce de vers qui fut lue à ce monarque. Elle ne dénote pas chez l'auteur anonyme un grand talent poétique, et le P. Fornier, sans tenir assez compte du goût de l'époque, la qualifie de ridicule dans la mesure et

---

(1) Entrée et séjour de Charles VIII, à Vienne, en 1490, avec les histoires jouées en cette ville à l'occasion de l'arrivée de ce prince, par Pilot; extrait du *Bulletin de la Société de Statistique*. — Grenoble, Maisonville, 1851.

(2) Albert, tom. II, pag. 309.

dans l'expression ; il n'a pas tout à fait tort, mais elle est néanmoins curieuse et constate le fait d'une visite de Louis XI à Notre-Dame d'Embrun, sans en préciser la date, ce qui nous confirme dans notre pensée qu'elle eut lieu lorsqu'il était dauphin et qu'il faisait la guerre au duc de Savoie. Elle ne fut récitée à Charles VIII qu'après avoir été communiquée au confesseur du roi, qui y apposa *son avis et trouvé bon;* la voici :

    Charles roy de France très-excellant,
    Des roys anciens claire lignée,
    Par ses biens faits le ciel querant
    Pour bien regner en toute joye.

    Lequel empereurs, roys, ducs et comtes
    Craignent sur terre, mer, à la ronde,
    Chrestiens, mescréants et Turcs nommez
    Car à l'y au monde n'a personne seconde.

    Au roy de Macédoine, dit roy Alexandre
    En proüesses et mœurs comparer je le doy;
    Lequel en sa joynesse le roi Dari fit rendre
    Comme disent histoires, fut-il du monde roy.

    Du fin profond de France Ambrun haute cité
    Est venu sans attendre pour accomplir ses vœux
    A ton temple, Royne de haute dignité :
    Par-devant ta figure s'est mis à deux genoux.

Est-il vuray que les avis du roy (1)
Si le grand Charlemagne fit faire le fondement
De ton temple ô Royne, et Louys le bon roy
Vivant en toute joye, le dotte richement.

O temple bienheureux, cela le peus je dire,
Lequel ont visité deux les plus grands du monde,
Le père et le fils, je ne sçaray mal dire,
Car ou sommes compter c'est le plus haut du monde.

Tant que tous les ruysseaux tomberont en la mer,
Et de soleil luisant, des planetes plus clair,
La terre et la mer seront illuminez,
Ta haute renommée ne cessera regner.

Les vœux auxquels il est ici fait allusion sont ceux du jeune prince lorsqu'il était malade à Amboise ; peut-être avait-il été chargé confidentiellement par Louis XI de faire ce pèlerinage pour accomplir une promesse sacrée qu'il n'avait pu tenir.

Chorier et Albert sont encore d'accord sur le second voyage de Charles VIII, et le manuscrit de l'église de Réalon vient à l'appui de leur dire. C'est vers la fin du mois d'août 1494 que ce second voyage se serait exécuté ; mais ici il ne

(1) Ce vers inintelligible obscurcit le sens du quatrain.

s'agit plus seulement de pèlerinage : le roi conduisait son armée à la conquête du royaume de Naples ; il était accompagné des princes et d'une brillante cour.

Le P. Fornier, très-clair quand il a pour le guider des lettres-patentes, des bulles et des titres authentiques, ne se pique pas toujours de précision et d'exactitude quand il est abandonné à lui-même. Le pèlerinage à Embrun du roi Charles lui donne occasion d'entasser les arguments les plus bizarres pour prouver que ce roi, ayant couru de grands dangers à la bataille de Fornovo, était venu pour accomplir un vœu qu'il avait fait à la Vierge sur le champ de bataille, et il fixe son arrivée à Embrun le 13 novembre 1495.

« En effet, dit-il, Jaligny et André de la Vigne marquent, en la pag. 243, qu'il fut à Briançon à son retour d'Italie, le 23 octobre précédent, et qu'il fit repasser son artillerie de Savoie en Dauphiné. Mais il y en a quelques autres qui ne sont pas de ce sentiment touchant son passage à Briançon, et j'ai vu des itinéraires qui disent qu'il laissa ses pièces de fonte à Exilles. Pour moi, j'estime qu'il prit la route du Bourg-d'Oisans et qu'il ne passa pas par Embrun, puisque, sans parler de cette ville, on le fait aller à Grenoble, où il arriva le 27 octobre et y séjourna, suivant Jaligny et de la Vigne, jusqu'au 4 novembre. Il se mit en route pour Lyon et y arriva le samedi 7; il y trouva la reine son épouse; puis, étant parti pour Paris avec une incroyable diligence, et fait ses dévotions à Saint-Denis, il retourna sur ses pas pour faire son pèlerinage, et il arriva à Embrun le 13. Cela se justifie, premièrement, par le Livre des miracles de Notre-Dame d'Embrun, qui marque l'arrivée de Charles VIII dans cette ville, en 1495, aux ides de novembre, qui est le 13; j'ajoute que ce fut sur le matin, après avoir couché à Chorges (1). »

Le P. Fornier ne se borne pas à admettre la preuve tirée du *Livre des miracles* qui, nous le croyons, se trompe de quelques jours; mais il s'autorise encore de la pièce de vers qui fut récitée à Charles VIII, dont nous parlions tout-à-l'heure.

Nous n'hésitons pas à nous ranger à l'avis de Chorier et d'Albert; c'est en 1489 et en novembre que le roi Charles fait son premier voyage et qu'il vient pour accomplir un premier vœu. Il put coucher à Chorges et arriver le matin à Em-

---

(1) *Histoire des Alpes Maritimes*, pag. 436.

brun, sans que ces deux circonstances secondaires puissent ajouter quelque chose au fait principal; mais nous contestons que sa *deuxième* apparition ait eu lieu en octobre 1495; elle est d'une année antérieure et doit être fixée fin août 1494.

L'itinéraire de Charles VIII, en 1494, est tout tracé; on le suit, pour ainsi dire, pas à pas. Il arrive à Vienne le 29 juillet, ainsi que le constate l'inventaire des archives de cette ville; il en repart le 22 août pour se rendre à Grenoble où il ne fait pas un long séjour. Il y touche les malades des écrouelles, qui étaient accourus de toutes parts, au nombre de plus de cinquante, *et qui furent tous guéris* (1). Il quitte Grenoble le 29 août, d'après M. de Terrebasse (2), et arrive à Embrun vers la fin du même mois; le manuscrit de Réalon porte qu'il y était le 31, et il entre en Italie par le Mont-Genèvre avec la fleur de la jeunesse française, *gaillarde compagnie*, dit Philippe de Comines, *mais de peu d'obéissance.*

A son retour de la campagne d'Italie, il est à Briançon le 23 octobre 1495, d'où il aurait pu

---

(1) Chorier, tom. II, pag. 495. On n'ignore pas qu'une croyance populaire attribuait aux rois de France le don de guérir ces maladies par le simple attouchement.

(2) *Histoire de Bayart*, pag. 53.

descendre à Embrun; on le voit à Grenoble le 27, et il arrive à Lyon le 7 novembre, suivant Chorier, le 9, suivant d'autres historiens. Il reste longtemps dans cette ville qu'il affectionnait particulièrement, et s'y adonne aux fêtes et aux plaisirs, ne se préoccupant nullement de pratiques de dévotion, car il *n'entendit plus*, dit Comines, *qu'à faire bonne chère et à jouter, et de nulle autre chose ne lui chaloit.*

Nous sommes loin de ce voyage fait précipitamment et en toute diligence à Paris, de ces dévotions à Saint-Denis et de ce retour inopiné au milieu des Alpes qu'il venait de traverser depuis quinze jours environ. On connaît trop les habitudes des rois de France et leurs moyens de transport pour pouvoir admettre qu'au XVe siècle un monarque, parti de Lyon le 7 ou le 9, soit allé à Paris faire ses prières à Saint-Denis et ait pu être à Embrun six jours après, le 13 du même mois. Le récit du P. Fornier tombe devant la preuve par l'absurde.

Ce qui avait amené Fornier à cette conclusion singulière, c'est la quatrième strophe de la poésie qui fut lue à Charles VIII, à son premier voyage.

Du fin profond de France Ambrun haute cité
Est venu sans attendre pour accomplir ses vœux.

« Le confesseur du roi, dit-il, était sans doute Jean de Rely, docteur en théologie, évêque d'Angers. Un homme de cette réputation et de ce poids n'aurait pas donné les mains au récit d'une imposture, et il n'aurait pas souffert qu'on y eût mis que ce roi était venu du cœur de France à Embrun, pour accomplir ses vœux sans remise, qui est le sens du quatrain, si cela n'eût été véritable (1). »

On le voit, ce qui a induit en erreur Fornier, ce qui l'oblige à torturer le texte, à forcer les dates et à faire courir le roi à bride abattue de Lyon à Paris et de Paris à Embrun, c'est son point de départ; il veut absolument que ces vers aient été lus après la bataille de Fornovo, bien qu'ils n'en disent pas un mot.

Que s'il se fût borné à accepter la version accueillie par les autres écrivains et à admettre que Charles VIII avait fait son premier voyage en 1489, à la suite d'une maladie, sa pièce de vers était pour lui une preuve décisive, et il pouvait, sans crainte d'imposture, le faire venir *du fin profond de France*, mais à petites journées, comme les rois voyageaient alors.

(1) *Hist. manusc.*, pag. 437.

Charles VIII courut des dangers à Fornoue ; l'audace du jeune monarque faillit lui coûter la vie. Le jour de la bataille, 6 juillet 1495, le roi, monté sur un superbe cheval, parcourut les rangs de ses soldats électrisés par sa confiance et sa résolution, puis il se plaça sur la première ligne de ses troupes, et l'on ne voyait nul homme plus près des ennemis que lui, excepté le bâtard de Bourbon (1).

L'arrière-garde était menacée, l'ennemi avait attaqué les bagages et les pillait ; le roi voyant de loin le péril de la division qui les protégeait, quitta le corps de bataille et courut à son secours avec toute sa maison. Le bâtard Mathieu de Bourbon fut pris à côté du roi, et Charles VIII, vers lequel se portait l'effort des Italiens, se trouva tout à coup dans un danger extrême ; séparé des siens et enveloppé de toutes parts, il aurait été fait prisonnier sans la vigueur de son cheval.

Montaigne atteste le fait : « Et ce que les Italiens disent qu'en la bataille de Fornoue, le cheval du roy Charles se déchargea à ruades et pennades des ennemys qui le pressoient, qu'il

---

(1) *Histoire de Bayart*, par A. de Terrebasse, pag. 54.

estoit perdu sans cela ; ce fut un grand coup de hazard s'il est vray (1). »

Ce que Montaigne regarde comme un grand coup de hasard, Charles VIII a pu le considérer comme un fait providentiel, et attribuer à la Vierge d'Embrun sa miraculeuse délivrance : il a pu, alors qu'autour de lui on comblait de caresses le noble destrier (2), alors qu'on le chantait en vers et en prose, faire un vœu à Notre-Dame pour la remercier de sa toute-puissante protection, et venir une *troisième* fois pour l'accomplir. La mention portée dans le *Livre des miracles* et l'opinion de Fornier, si insoutenable qu'elle soit quant à la date, sont des présomptions qu'il est impossible de passer sous silence.

Mais nous croyons qu'on ne pourrait fixer la présence dans cette ville du royal pèlerin en 1495 qu'entre le 23 octobre, jour où il était à Briançon, et le 27 du même mois, où il arrivait à Grenoble; un intervalle de quatre jours lui suffisait largement.

(1) Montaigne, *Essais*, liv. 1er, chap. 48, des Destriers.
(2) Les chroniqueurs et les poètes se sont longtemps occupés de ce cheval ; ils nous ont appris qu'il était noir ; suivant D. Pierre de Saint-Romuald, il se nommait Savoye et avait vingt-neuf ans. Un poète savoisien, Bernard Caussel, l'a loué dans son *Eucharisticon* à Samuel Guichenon.

Nous l'avons dit, Charles VIII avait pour Notre-Dame d'Embrun la même vénération que son père ; il eut l'occasion de la manifester dans une circonstance importante pour cette église. Les archives du chapitre conservaient deux belles lettres que ce roi lui avait écrites au sujet de l'élection d'un de ses archevêques, Rostain d'Ancezune (1) ; elles nous ont été conservées par Marcellin Fornier.

Jean Baile était mort au mois de septembre 1494, peu de jours après le passage de Charles VIII se rendant en Italie ; il s'agissait de la nomination de son successeur. Cette nomination appartenait au chapitre, qui y procédait par voie d'élection ; mais le roi désirait avoir un homme sur lequel il pût compter ; le souvenir de l'hostilité qui régna entre Louis XI et Jean Baile lui faisait désirer de voir ce siége important occupé par un prélat dévoué à sa personne, avec lequel il pût avoir des rapports faciles. Aussi pesa-t-il de tout son pouvoir sur les résolutions du chapitre ; il invoqua des nécessités politiques, l'intérêt de l'église d'Embrun, et fit de son candidat, l'évêque de Fréjus, un éloge qui témoigne en quelle estime ce prélat était dans son esprit.

(1) Fornier et Albert l'appellent d'Ancedune, on ne sait trop pourquoi.

« Pource que le dit archevêché est assis en pays frontière et le dernier diocèse du pays de nostre obéissance du côté de deçà les monts et en lieux dangereux, et que s'il n'y estoit par nous pourveu de personnage assuré et bien féable, grand inconvénient et dommage irréparable nous en pourroit avenir à nostre pays de Dauphiné et, conséquemment, à tout nostre royaume ; pour la quelle cause et que nous désirons de tout nostre cœur obvier au dit inconvénient, et pourvoir pour le temps à venir au dit archevesché d'un bon, grand et notable personnage, qui soit de maison, et qui ait auctorité pour le bien de nous, de la conservation des droits et affaires de l'église, etc.... »

Cette lettre, datée de Pavie, est du 15 octobre 1494.

Il paraît que les chanoines ne s'étaient pas rendus aux désirs du monarque sans une certaine hésitation ; car, cinq jours après, il écrivait une nouvelle lettre plus pressante que la première, dans laquelle il témoignait au chapitre sa satisfaction en même temps qu'il lui faisait connaître quel aurait été son mécontentement si l'évêque de Fréjus eût été repoussé ; il ne dissimule pas qu'il n'aurait pas souffert qu'un autre que Rostain d'Ancezune eût été nommé à cet archevêché.

« Car, *pour la singulière dévotion qu'avons à vostre église d'Ambrun,* nous désirons qu'il y soit pourvu de personnage à nous agréable, seur et feable, de qui ayons bonne connoissance.....

« Parquoi et pour éviter tous procez, vous prions sur tout le plaisir et service que jamais fère nous désirez qu'en ensuivant nos dites lettres nos vouloirs et intentions, vous veuillez postuler en vostre futur archevesque le dit evesque de Fréjus, et tellement vous y conduire qu'il en demeure paisible, en ce faisant, vous fairez le profit de vous et de vostre esglise; car le dit evesque de Fréjus est bon et grand personnage, et doué de beaucoup de bonnes et grandes vertus; parquoy de luy la dite église et affaires d'icelle seront très-bien regis et gouvernez; et pour ce fere de notre part y tiendrons la main pour le bien de la dite église......

« Donné à Plaisance, le 20ᵉ jour d'octobre (1). »

Malgré les préoccupations de la guerre, Charles VIII paraît avoir saisi avec empressement l'occasion de donner une leçon indirecte au chapitre, en lui imposant, en quelque sorte, un prélat de grande maison, riche sans doute, qui, ne serait pas obligé, comme Jean Baile, de lui

---

(1) Voir ces deux lettres aux pièces justificatives, n° 5.

emprunter de l'argent pour payer ses lettres de provision. Aussi le monarque ne manque-t-il pas d'engager les chanoines à se conduire, à l'égard de Rostain d'Ancezune, de telle sorte qu'il demeure paisible possesseur de son siége, sans procès, et de ne pas renouveler le scandale des persécutions dont il s'était rendu coupable contre le prélat défunt. Il lui faisait connaître par là qu'il ne suivrait pas la politique de son père, et que, le cas échéant, il ne prendrait jamais le parti du chapitre contre l'archevêque.

Les dispositions de Charles VIII étaient donc bienveillantes et sa dévotion à Notre-Dame toute particulière ; cependant, nous ne croyons pas qu'elles se soient manifestées par des largesses ou des dotations ; nous pensons, au contraire, que sous son règne on enleva au chapitre la somptueuse fondation faite par Louis XI.

Albert croit que le roi Charles, très-zélé pour le bien de cette église, n'en reprit pas moins les ducats que son père lui avait donnés (1). Le P. Fornier et Jean Brunet attribuent cette mesure à François Ier : nous les croyons dans l'erreur. On sait, au contraire, que le règne de Charles VIII, dès le début, se signala par quelques mesures

(1) Tom. II, pag. 309.

jugées indispensables. Le 22 septembre 1483, moins d'un mois après la mort de Louis XI, toutes les aliénations du domaine royal, faites au profit soit de l'église, soit des particuliers, furent révoquées, et l'année suivante, à la réunion des états généraux, le tiers-état, présentant le tableau des misères du peuple, conjura le roi de retirer à lui le domaine de la couronne aliéné par Louis XI, et qui suffisait pour les dépenses du trône. Il avait pu insérer dans les cahiers de ses réclamations les paroles suivantes : « Ce pauvre peuple jadis nommé françois (franc), est maintenant de pire condition que le serf, car un serf est nourri, et lui périt de faim.....; les uns sont morts de faim ; d'autres, dans leur désespoir, ont tué leur femme, leurs enfants, puis eux-mêmes..; un grand nombre, auxquels on a dérobé leur bétail, s'attellent eux-mêmes à la charrue avec leurs enfants. »

C'est à cette époque, nous le pensons du moins, que fut anéantie la fondation faite par Louis XI ; elle fut réduite à trois cents livres prises sur le domaine pour son acquittement(1).

(1) A défaut de preuves suffisantes et en présence de deux versions contradictoires, nous avons adopté l'opinion d'Albert comme plus conforme à l'histoire ; cependant notre

Le chapitre accepta la nouvelle situation avec patriotisme, et malgré cette diminution considérable de ses revenus, il n'en continua pas moins, pendant deux siècles, à dire tous les jours la messe du roi; ce n'est que vers le commencement du règne de Louis XV qu'il exigea le paiement de la fondation entière, ou la réduction du service, ce qui fut fait : on ne chanta plus la messe du roi que tous les dimanches.

Il ne paraît donc pas que Charles VIII ait fait personnellement des présents à Notre-Dame; l'état de ses finances, à son départ pour la campagne d'Italie, ses prodigalités dans les joûtes, dans les festins et dans les tournois ne lui permirent pas d'imiter son père. On trouve bien la preuve qu'il offrit deux beaux coussins ou carreaux en drap d'or, mais c'était Louis XI qui l'avait chargé de les remettre.

devoir est de constater que Jean Brunet, dans son *Recueil des actes, pièces et procédures concernant les dixmes du Briançonnois*, prétend que les *quatre mille ducats* furent repris en 1521 par François Ier, qui les assigna pour les appointements du gouverneur général de la province de Dauphiné; mais Brunet semble avoir reproduit, sans la contrôler, l'opinion de Fornier, qui dit que cette rente fut servie pendant quarante ans.

Louis XII, allant en Italie, en 1502, arriva à Grenoble le 23 juin, et quelques jours après à Embrun ; la tradition veut qu'il y ait été reçu dans la cathédrale, revêtu des ornements de chanoine ; il marcha vers l'Italie par la vallée du Queyras et le mont Viso, sous lequel il fit creuser un passage souterrain (1).

Ce sont là les seuls renseignements que nous ayons pu recueillir sur le passage de ce prince. Nous n'avons aucun détail sur la réception qui lui fut faite, ni sur les marques de sa munificence à l'égard de Notre-Dame. Cependant, il est certain qu'il avait pour elle une dévotion toute

---

(1) Cette assertion du P. Fornier est inexacte ; le souterrain du mont Viso, qu'on a prétendu avoir été pratiqué par Annibal ou par les Sarrasins, existait avant Louis XII ; le roi n'y fit probablement que quelques réparations. Des documents certains qui nous ont été fournis par M. Moris, ingénieur des ponts et chaussées à Embrun, établissent que l'honneur de cette percée appartient à Louis II, marquis de Saluces, et à Louis XI. Les travaux auraient été commencés à frais communs en 1476 et terminés en 1481. On peut consulter sur cette question : *Memorie storico-diplomatiche appartenenti alla città ed ei marchesi di Saluzzo*. Notamment au livre quatorzième, ayant pour titre : Saluces sous la domination de Louis II, dixième marquis de Saluces, depuis 1475 jusqu'en 1504. On devra lire aussi le traité entre ce prince et le roi René, signé à Arles le 22 septembre 1478.

spéciale et qu'il s'intéressait à son église. Ces détails nous ont été révélés par une bulle de Léon X, du mois de janvier 1514, qui est aussi importante sous d'autres rapports.

C'était sous l'épiscopat du cardinal-archevêque Nicolas de Fiesque; l'église d'Embrun avait besoin d'urgentes réparations, son clocher menaçait ruine; il s'agissait aussi de *remplacer les vieilles constructions qui couvraient le Réal*, de bâtir à leur place une chapelle fermée, dans laquelle on pourrait célébrer l'office divin, et d'acheter divers ornements du culte (1). Le roi Louis XII et le cardinal joignirent leurs instances auprès du souverain pontife et lui demandèrent l'adoption des mesures nécessaires pour arriver au résultat qu'ils se proposaient. Léon X céda aux sollicitations du roi et du cardinal :

---

(1) Cupientes igitur ut ecclesia Ebredunensis quæ sub invocationem Virginis gloriosæ Mariæ dedicata existit reparetur, *et capella in honorem ipsius gloriosæ Virginis et trium regum, ubi structura insignis et illustri ædificio de novo fabricetur et ad cultum divinum ampliandum*....., et capella de novo ædificanda ac ecclesia et campanila, quod ut accepimus ruinam minatur, in suis structuris necessariis ædificiisque reparationibus, et aliis rebus et ornamentis divino cultu necessariis, honestius, commodius ædificentur et reparentur.... .

Ludovici Francorum regis illustri et dilecti filii nostri Nicolai qui singularem devotionem ad illam ecclesiam gerunt, supplicationibus inclinati. Il accorda des indulgences plénières pour soixante ans à tous ceux qui feraient leurs dévotions à Notre-Dame d'Embrun, ou qui verseraient des aumônes pour la reconstruction et les réparations de la chapelle et de l'église. Une caisse fut affectée à la perception de ces aumônes ; elle fermait à trois clefs, dont l'une était gardée par le grand vicaire, l'autre par le chapitre, et la troisième par les syndics de la ville (1).

C'était évidemment cette chapelle qu'avait entreprise Monseigneur de Jarente, et qu'il ne put terminer, et si le chapitre employa à un autre usage les sommes laissées par l'archevêque, c'est qu'il pensait que les offrandes des pélerins suffiraient pour couvrir les frais de la construction (2).

Ce fut encore la guerre qui amena François Ier dans les Alpes, dans le courant du mois d'août

---

(1) Voir cette bulle aux pièces justificatives, n° 6.
(2) Si le chapitre avait eu à sa disposition la dotation de Louis XI, cût-il été nécessaire de recourir à tous ces expédients ?

1515 ; le roi conduisait en Italie cette armée qui devait écraser les Suisses à Marignan. Elle resta quelque temps échelonnée de Grenoble à Embrun, et le roi se trouvait dans une grande perplexité ; l'ennemi occupait les gorges du Mont-Cenis et du Mont-Genèvre ; il était impossible de forcer le passage dans ces étroits défilés. Le roi s'arrêta au parti le plus sage, qui lui était recommandé par le maréchal Trivulce. Ce général était resté près de six mois dans cette dernière ville, et il connaissait les sentiers les plus escarpés, les défilés les plus inaccessibles ; il choisit le chemin qui mène à la source de la Stura, par la vallée de Barcelonnette.

On a mis en doute le passage de François Ier par Embrun, au mois d'août 1515. M. Ladoucette n'en parle pas, et les quelques lignes que nous trouvons dans M. T. Gauthier laissent la question entière.

Voici ce qu'il dit dans son *Histoire de Gap* (1).

« Deux ans après, un jeune et brillant monarque, successeur de Louis XII. François Ier, partant pour l'Italie, évitait de passer par notre ville en suivant le chemin de traverse par Saint-

(1) *Histoire de Gap*, par Théodore Gauthier, pag 63.

Bonnet à Labâtie-Neuve, mais il ne put éviter la harangue de messire Claude Ollier, vibailli de Gap, qui le complimenta, à la Rochette, au nom de tous les ordres de la ville. »

Mais Fornier, d'après Paul Jove (1), nous donne sur le passage de ce prince des détails tellement précis qu'il est impossible de les révoquer en doute. S'il faut en croire ces deux écrivains, les Suisses avaient résolu de s'opposer à la marche de François Ier sur le Milanais. Ils occupaient tous les passages des Alpes. Trivulce, qui passait à juste titre pour un des plus expérimentés capitaines de son temps, fit un séjour de plusieurs mois à Embrun ; il fit faire des études fort exactes et très-minutieuses pour découvrir un passage par lequel l'armée pût entrer en Italie ; il reconnut que le chemin qui va de Saint-Paul en Valdemonts par Vars, et de Saint-Paul au col de l'Argentière, quoique fort difficile, pourrait être surmonté par le courage des troupes et par les travaux des pionniers. Le roi, qui

---

(2) Paul Jove, historien contemporain de Louis XII et de François Ier, a laissé, notamment : *P. Jovii Historiarum sui temporis ab anno 1494 ad annum 1547*. Florence, 1550 et 1552, et *Elogia virorum bellica virtute illustrium*, 1549 et 1551.

craignait d'engager son armée dans des défilés infranchissables, envoya Lautrec (1) pour contrôler les plans de Trivulce. Ce général, après avoir inspecté les lieux, fit un rapport favorab'e au roi. Trivulce s'offrit de conduire l'avant-garde et promit à François Ier plus de gloire que jamais Annibal n'en avait acquis en franchissant les Alpes. Le roi vint rejoindre à Embrun le connétable de Bourbon qui était avec Trivulce : on fit dans cette ville des provisions pour cinq jours; on s'avança du côté de Saint-Clément et de St-Crépin, et, laissant à gauche le Mont-Genèvre, l'armée franchit la Durance et alla loger à Guillestre ; puis ayant traversé les montagnes de Vars, que Paul Jove appelle d'Avalce, elle arriva enfin à Saint-Paul, après de grandes fatigues et de nombreux travaux, car il fallut ouvrir les chemins *avec des pics et des marteaux*. Mais les plus grandes difficultés se présentèrent dans la vallée de Barcelonnette, où les soldats furent obligés, tantôt de porter les canons sur leurs épaules, tantôt de les faire glisser avec des cor-

---

(1) Brantôme nous apprend que ce fut ce maréchal qui fut cause de la défaveur de Trivulce, *par le moyen de Mme de Chasteau-Briand, sa sœur, que le roy aimoit. Vie des grands capitaines*, liv. 1er, chap. xxx.

dages, tantôt de leur faire franchir des précipices sur des ponts improvisés. Ils arrivèrent le premier jour à la vallée de l'Argentière, le deuxième à l'Arche, et marchant toujours avec la même ardeur, les pionniers rompant et abattant les rochers, ils aplanirent la montagne de Pied-de-Porc jusqu'à Avenne et de là à Sambuc et à l'entrée de l'Italie, où ils arrivèrent sans aucune perte, n'ayant été que trois jours dans ce voyage depuis Embrun.

Pendant ce temps-là, l'ennemi attendait François Ier au Mont-Genèvre, où quelques cavaliers français avaient poussé des reconnaissances pour lui donner le change et masquer la marche de l'armée.

Ladoucette ne signale pas la présence de François Ier à Embrun en 1515, mais il prétend qu'en 1525 il entra en Italie par le souterrain du Mont-Viso (1). Il se fonde sur un passage des mémoires du maréchal Catinat, qui avait lui-même fait la guerre dans les Alpes contre la maison de Savoie, sous Louis XIV.

---

(1) Voir son *Histoire des Hautes-Alpes*, pag. 84 et 183, 3e édition.

Le voici avec toutes ses erreurs (1) :

« Ce passage n'était pas connu avant François Ier, qui y fit passer son armée avec l'artillerie en 1525, pour aller dans son marquisat de Saluces, et de là en Italie. Tous les passages des montagnes étaient gardés par les ennemis; un berger indiqua le col du Mont-Viso, qu'ils avaient négligé de garder, le regardant comme impénétrable. On travailla à rendre ce chemin praticable pour les voitures; il fallut pour cela percer la montagne du Col sur cinquante-cinq toises de longueur, et l'on donna quatre toises de largeur au passage voûté pour le rendre plus commode.

« Quelques personnes prétendent que ce ne fut pas François Ier qui fit ouvrir cette route dans le rocher, mais un dauphin du Viennois, qui la fit faire dans le XIIIe siècle. Quoi qu'il en soit, elle était indispensable pour le passage d'une armée. »

D'après un manuscrit de 1720, François Ier aurait percé lui-même la montagne sur cinquante-cinq toises de longueur et quatre pieds de

---

(1) Mémoires du maréchal de Catinat, publiés en 1819, à Paris, par Bernard le Rouyer de Saint-Gervais.

large. Le lieutenant-général de Bourcet répète cette version dans ses mémoires militaires (1).

Nous n'avons pas besoin de faire ressortir tout ce qu'il y a d'inexact dans ces diverses assertions. Il est vrai qu'en octobre 1524, et non en 1525, l'armée française, après avoir chassé les impériaux au delà de Toulon, tournait rapidement vers les Alpes dauphinoises pour entrer en Italie, mais il ne nous a pas été possible de trouver dans les historiens de la contrée le point précis par où s'effectua cette entrée (2). François Ier a pu faire passer son armée, soit par le Mont-Genèvre, soit par le Mont-Viso, mais la rapidité de sa marche ne lui permit pas d'agrandir le souterrain et encore moins de le percer.

D'après Paul Jove, il est donc hors de doute que François Ier passa à Embrun en 1515, sinon en 1524; un autre écrivain, Ranchin, d'Uzès (3),

---

(1) Pierre-Joseph de Bourcet, lieutenant-général, a laissé, entre autres ouvrages, des mémoires militaires sur les frontières de la France, depuis l'embouchure du Var jusqu'au lac de Genève; ils furent imprimés en 1801.

(2) Fornier n'en parle pas, et Chorier dit seulement que ce fut en octobre, et par les Alpes; tom. II, pag. 526.

(3) *Description générale de l'Europe*, par François Ranchin, d'Uzès, tom. II, pag. 365.

dit qu'il est constant qu'il y fut reçu en qualité de chanoine; il fixe même la place que ce monarque occupait au chœur, entre les membres du chapitre. D'après lui, le héros de Marignan aurait été le premier roi reçu à la cathédrale vêtu des habits sacerdotaux. L'erreur dans laquelle est tombé Ranchin, d'Uzès, sur ce point spécial et quelques autres circonstances, telles que la réception qui fut faite à Henri II, autorisent en quelque sorte des doutes que nous ne pouvons nous empêcher d'émettre.

Cette entrée de Henri II est la plus intéressante de toutes celles qui aient été faites à Embrun à une tête couronnée.

Henri II visitait ses frontières en revenant de prendre possession du marquisat de Saluces; il se dirigeait vers cette ville; le chapitre, qui n'avait aucun cérémonial sur lequel il pût se régler pour la réception à faire au roi en qualité de chanoine, se trouva extrêmement embarrassé; il en rédigea un pour l'occasion présente et pour l'avenir.

Le roi revenant de Piémont (1), l'archevêque, accompagné de Sigaud, prévôt, vint au devant

(1) Ce fut le 8 septembre. Chorier nous apprend que cette année le roi fit un voyage en Dauphiné et de là en Pié-

de lui jusqu'à Guillestre, et lui ayant présenté les bulles de sa chanoinie, ils lui demandèrent s'il voulait être reçu dans leur église en qualité de chanoine, et revêtir le surplis et l'aumusse ; ce que ce prince ayant accepté, ils allèrent en donner avis au chapitre, qui fit parer l'église pour cette cérémonie. Elle eut lieu le jour de la Nativité de Notre-Dame, qui est la grande fête patronale. Il se fit alors à Embrun un concours extraordinaire de peuple que l'arrivée du roi, la fête et le jubilé y avaient attiré. L'on décida encore de faire, ce même jour, l'entrée pontificale de l'archevêque Balthazar de Jarente.

Le clergé s'étant revêtu des plus belles chapes, devancé de la croix portée par le chanoine d'Ancezune, et de deux autres qui portaient des chandeliers d'argent, marcha en procession jusqu'au bout du cimetière. L'archevêque était entre deux clercs et quatre chantres ayant des chandeliers d'argent avec des flambeaux allumés et des encensoirs. Aussitôt que le roi fut à la porte de l'église, l'archevêque prit le surplis et l'aumusse qui étaient sur une table, et les présenta à Sa Majesté, qui les reçut avec un grand

mont. A son retour, il passa quelques jours du mois de septembre au château de Meyzieu ; tom. II, pag. 537.

témoignage de joie. L'officiant, placé entre le diacre et le sous-diacre, et son assistant, vêtus des habits les plus magnifiques, était suivi de deux chanoines qui portaient l'eau bénite, l'aspersoir et l'encensoir ; il présenta l'eau bénite au roi ; on entra dans l'église et on chanta un *Te Deum*.

Le P. Fornier et Albert ont une formule invariable pour la réception des rois en qualité de chanoines. S'agit-il de Charles VIII, on ne doit pas douter, disent-ils, qu'il ait été reçu comme protochanoine. Pour Louis XII, la tradition veut qu'il ait vêtu l'habit de chanoine, et pour François Ier, il est constant qu'il fut ainsi reçu. On se souvient même qu'on a voulu faire remonter les choses jusqu'à Louis XI, *suivant l'ancienne coutume des dauphins*.

Acceptons de confiance le récit en ce qui concerne Charles VIII et Louis XII, mais faisons des réserves pour François Ier. Les archives de l'archevêché constatent que, pour la réception de Henri II :

« Il n'avait (le chapitre) aucune formule sur quoi il dût se régler pour la cérémonie qu'il fallait observer en cette entrée ; il se trouva extrêmement embarrassé, ce qui l'obligea d'en dresser une pour leur service dans l'occasion qui était alors présente, et pour leur être comme un modèle à l'avenir (1). »

Puisque le chapitre était embarrassé pour le cérémonial, il avait donc totalement oublié ce qu'on avait fait pour François Ier? Après trente-trois ans, il n'en restait donc plus de souvenir? La précaution qu'on a d'aller demander à Henri II s'il veut être reçu comme chanoine n'indique-t-elle pas de précédents refus? François Ier, plus guerrier que dévot, put bien ne pas donner au chapitre l'occasion de dresser un cérémonial. Nous avions donc raison, à défaut de documents certains, de faire des réserves à son égard.

Malgré la misère et la cherté des vivres, provoquées par une sorte de famine, la ville d'Embrun fit de grandes dépenses pour l'entrée du roi. *Tout fut employé, troupes sous les armes, coups de canon, feux d'artifice, illuminations.* On témoigna une très-grande joie; chacun se para de ses plus beaux habits; on tapissa les rues, et le consul Turin Disdier, suivi des plus notables, présenta au roi un cœur d'argent surdoré (2), au dedans duquel était une figure de

---

(1) *Histoire des Alpes Maritimes,* pag. 457.
(2) Vermeil.

Notre-Dame tenant Jésus-Christ en ses bras, et des trois rois, et celle de Sa Majesté, qui rendait ses hommages à cette sainte Mère qui le recevait en sa protection (1).

La réception du clergé et le don de la ville permettent de croire que le roi Henri II accomplissait un acte de dévotion; on ne comprendrait pas, sans cela, l'hommage de ce cœur en vermeil dans lequel le roi était représenté s'inclinant devant la Vierge.

(2) La fête donnée par la ville d'Embrun à Henri II avait été rapportée en détail sur un registre conservé dans les archives de cette ville, qu'on appelle le *Livre carré*. Nous avons voulu consulter ce récit, mais malheureusement, comme il arrive souvent en pareil cas, le feuillet a été coupé.

CHAPITRE V.

Dons faits à l'église d'Embrun aux XIII⁰ et XIV⁰ siècles. — L'aube parée de Guillaume de Mandagot ; le collier, l'amict et le frontal. — La chape des rois d'Angleterre. — Les statues d'argent de la Vierge, leurs ornements; elles sont habillées. — Inventaire du trésor de Notre-Dame au XVI⁰ siècle, argenterie, reliques et reliquaires, ornements de grand prix.

L'église d'Embrun était alors à l'apogée de sa puissance; les dons affluaient de toutes parts.

Les archevêques eux-mêmes faisaient à Notre-Dame de riches présents, et les archives du chapitre ont conservé le souvenir de ceux qui lui furent donnés aux XIII⁰ et XIV⁰ siècles.

Ainsi, en 1291, Reymond de Mevillon ou

Mevolhon lègue une chape à fond d'or entre-tissue de soie.

Guillaume de Mandagot, archevêque depuis 1293 jusqu'en 1311, époque à laquelle il fut fait cardinal, avait donné une chasuble qu'il destina particulièrement à l'autel de Notre-Dame, une tunique, une dalmatique et deux chapes, toutes complètes et toutes de soie *renforcées de bleu* (1); une chasuble, une tunique et une dalmatique, le tout complet, de soie blanche; une chasuble et une chape violettes avec les offres (2) de fil d'or, et des images en broderie; encore une tunique, une dalmatique et une autre chape de même; une autre chapelle complète de même en *soie verte renforcée;* une croix d'argent avec son pied, et le bâton de quatre pièces, et les clous, le tout d'argent. Deux burettes d'argent de la chapelle de son devancier qu'il avait rachetées; deux chandeliers d'argent; *une aube avec son parement à l'antique, faite à l'aiguille, accompagnée de l'étole, du manipule*

---

(1) On appelait étoffes renforcées, celles qui étaient plus fortes, plus épaisses qu'à l'ordinaire, mais ici, renforcées de bleu, est une locution qui, nous le pensons, veut dire doublées de bleu, ou ayant des parements bleus.

(2) Orfrois.

et de l'amict, des images et du collier; il remit encore pour l'usage propre de l'autel de Notre-Dame son *frontal* avec sa nappe.

Le don fait par Guillaume de Mandagot soulève des questions intéressantes et qui ont souvent été agitées par les archéologues, au sujet des ornements sacrés.

L'aube (*alba*) est le vêtement de toile blanche qui fut, dès les temps les plus reculés du christianisme, le vêtement par excellence du prêtre ; elle a été longtemps simple et unie, puis, plus tard, elle fut garnie de broderies, de parements ou d'appareils ; de nos jours elle est ornée de dentelles.

On appelait aubes parées celles qui étaient brodées d'ornements variés tissés d'or ou d'argent; celle de Mandagot était brochée d'or. Ces ornements représentaient quelquefois des figures d'animaux, des feuillages, des fleurs, le plus souvent des images de saints, broderies qui s'enrichissaient de perles et de pierreries. Ces aubes portaient les parements, ou appareils, à l'extrémité des manches et au bas, tout autour de la partie inférieure. Les plus simples et les plus anciennes avaient simplement des bandes d'étoffe, sorte de galons ou lisérés, tout autour du cou et au bas de la jupe ; les parements en étoffe étaient toujours assortis avec les ornements de la chasuble dont se servait le prêtre officiant.

S'il faut en croire les auteurs qui ont traité ces questions, l'usage des aubes à parements d'étoffe remonterait au VIIe siècle; mais ce ne serait que bien plus tard, au XIIIe siècle, que celui des aubes brodées de matières précieuses se serait introduit. Pour l'archevêché d'Embrun, l'hésitation disparaît, et nous pourrions soutenir que, déjà au XIIIe siècle, l'usage en était fréquent; il est vrai que Guillaume de Mandagot ne siégeait que vers la fin de ce siècle et au commencement du XIVe, mais il faut remarquer que déjà son aube portait un parement fait *à l'antique*, brodé à l'aiguille, d'où on pourrait conclure que, depuis un certain temps, les aubes parées entraient dans les ornements sacrés des prélats d'Embrun. On a signalé, du reste, leur emploi dans les cathédrales d'Angers, d'Orléans, de Lyon; en France, en Angleterre, en Allemagne, en Espagne, l'usage s'en conserva jusqu'au XVIIIe siècle.

Le trésor de la cathédrale de Cantorbéry en avait de très-belles, ornées de fleurs, d'armoiries, de feuillages, d'oiseaux et de griffons, et l'une d'elles, plus belle encore, rappelait dans ses dessins différents traits de la vie de saint Thomas.

L'aube parée donnée par l'archevêque était

accompagnée de l'étole, du manipule, de l'*amict, des images et du collier.*

Nous devons avouer que l'obscurité de cette nomenclature nous a jeté dans une grande incertitude ; il semble résulter cependant de cette rédaction que l'aube parée formait avec les autres ornements un ensemble, une chapelle complète, assortie, ouvragée de la même manière ; cela va de soi pour l'étole, le manipule et l'amict, mais que faut-il entendre par ces mots : *accompagné des images et du collier ?*

Image est souvent pris dans le sens de statue, de figure ou de relief ; mais ici il ne doit pas être entendu de cette manière : il s'agit d'ornements pontificaux ; dès lors, il faut supposer que des images en peinture, en broderie, en or ou en émail, des effigies ou des médailles entraient dans le costume des prélats au XIIIe siècle, et que la liturgie admettait leur usage lorsqu'ils officiaient.

Ces observations s'appliquent, à plus forte raison, au collier. Ce mot ne doit pas être pris dans le sens de collet, de camail, ou de rabat, ou de tout autre vêtement des épaules ou du cou ; est-ce ici le collier dans le sens du *torques* des anciens ? Non, sans doute ; le collier comme marque distinctive et honorifique, le collier de chevalier était complètement inconnu à cette époque. Mais les anciens inventaires ecclésiastiques mentionnant des reliquaires attachés au cou et portés ainsi dans les processions faites, soit à l'extérieur, soit en dedans des églises, nous sommes donc amené à admettre l'hypothèse qu'il s'agit ici d'un collier d'or portant une relique ou une sainte image, bien que dans nos recherches nous n'ayons pas trouvé d'exemple de prélats portant des colliers en officiant, ou tout au moins ces exemples seraient-ils rares. Ces mots images et colliers paraissent corrélatifs, et il faut admettre que l'archevêque Guillaume de Mandagot avait un collier d'or qu'il mettait par-dessus son aube parée, collier portant des emblèmes, des effigies, des médailles, peut-être celle de la Vierge, à laquelle il avait voué un culte tout particulier.

L'inventaire du trésor de l'église, dont nous parlerons tout à l'heure, constate qu'au XVIe siècle, environ deux cents ans après la mort de Guillaume de Mandagot, il y en avait encore plusieurs, dont quelques-uns sont ainsi désignés :

« Un collier d'or garni de perles où l'on voyait la *figure* d'un apôtre...., un autre collier d'or, fait en rond, où il y avait la figure de six agneaux en broderie...., un autre collier, aussi d'or, garni de cinq pierres précieuses et enrichies de cinq figures ou *images*. »

Mais si, dans l'inventaire, ces joyaux ont été classés parmi les étoffes et ornements de grand prix, et non au chapitre consacré à l'argenterie, il ne faudrait pas se hâter de conclure qu'ils n'étaient autre chose que des colliers d'étoffes semblables à l'ornement appelé amict.

L'amict *(amictus,* d'*amicire,* couvrir) fut introduit dans les usages ecclésiastiques pour couvrir les épaules, et principalement le cou, que les prêtres portaient toujours à découvert. Ce fut surtout un vêtement de précaution contre les rigueurs du climat et pour protéger la voix de ceux qui devaient chanter les louanges du Seigneur, quelquefois aussi une sorte de capuchon relevé sur la tête et qui se rabattait au moment de l'office (1).

En France, comme en Angleterre et en Allemagne, le clergé portait des amicts enrichis de broderies et d'ornements précieux. Les verrières du XIIIe siècle de l'église de Tours, les pierres tombales des cathédrales de Rouen, de Troyes, de Châlons-sur-Marne, donnent de curieux spéci-

(1) C'est ainsi que le portent encore quelques ordres religieux.

mens de cet ornement. Quelques-uns d'entre eux ressemblent tout à fait aux cols que les dames portent de nos jours, et consistent en une simple bande de la largeur de la main, brodée d'or et d'argent, entourée quelquefois de perles et de pierres précieuses; c'était alors simplement un ornement qui se portait attaché autour du cou.

Mais, nous le répétons, ce ne sont point là les colliers dont nous avons parlé. Guillaume de Mandagot donne un amict, plus des images et un collier; d'où la conclusion forcée que ces ornements étaient distincts et que tous les deux étaient en usage au XIIIe siècle.

Nous ne dirons qu'un mot de l'ornement appelé frontal et devant d'autel, qui était le plus communément une étoffe précieuse ou du drap d'or brodé à l'aiguille, avec des figures et des couleurs appropriées à la fête qui se célébrait. L'usage du frontal amena celui des voiles ou courtines, dont on para les autels et qui consistèrent en une draperie unie, qui se changeaient aux différentes fêtes, suivant les prescriptions liturgiques. Les inventaires des églises d'Angleterre attestent la magnificence déployée chez nos voisins dans l'ornementation du frontal. L'église d'Embrun en possédait deux encore au XVIe siècle.

Un roi d'Angleterre, Édouard II, avait envoyé

une chape verte, tissée d'or et d'argent, sur laquelle étaient représentés tous les rois ses prédécesseurs; elle était enrichie de pierreries. Cette chape fut envoyée, ainsi que l'a constaté le P. Fornier, d'après des titres authentiques, par Édouard à Raymond V dit Robaud, qui fut archevêque depuis 1318 jusqu'en 1324.

Ce don fut fait à une époque où les premiers miracles se produisirent devant le Réal. Mais, comme Édouard II a laissé des souvenirs qui font peu d'honneur à sa mémoire, on ne s'explique pas le motif qui le porta à faire cette riche offrande à la vierge d'Embrun.

Cette chape, qui était une merveille de tissu et de dessin, ne servait que pour la procession de la Pentecôte; elle disparut dans le pillage de l'église, en 1585.

Un autre archevêque, Bertrand de Deux (1323-1338), laissa à l'église une croix d'argent sur un pied de même, *tout entassé* de pierreries, deux chandeliers et deux burettes d'argent surdoré, plusieurs livres d'église, avec des ornements fort beaux et fort riches; *à quoi il ajousta un revenu pour le luminaire.* Il embellit la chapelle archiépiscopale de quantité de peintures.

Le 14 mai 1342, Pasteur d'Aubenas, archevêque, fit des présents plus considérables encore.

Il lui donna une *image* ou statue de la Sainte-Vierge, accompagnée de deux anges, le tout d'argent, du poids de quarante marcs, une croix d'argent du poids de treize marcs, un encensoir et une navette d'argent surdoré pesant sept marcs et demi, un bénitier et l'aspersoir d'argent, pesant sept marcs, une crosse surdorée du poids de dix-huit marcs d'argent, une mitre *grélée* de perles et de pierres précieuses, un anneau pontifical enrichi de diverses pierres précieuses, des gants pontificaux, une chapelle toute complète, deux chapes, *un devant d'autel*, le tout rouge, *des courtines, un frontal*, un parement de chaire et des sandales, de la même couleur, avec une aube et un amict.

« Ce présent était si grand, dit Fornier, que tout le revenu de deux ans de ce prélat, quelque considérable qu'il fût, n'était pas suffisant pour en représenter la valeur. »

Enfin, Jean de Girard, qui mourut le 17 janvier 1457, légua à l'église cathédrale sa vaisselle d'argent, pour en faire une statue de Notre-Dame, *laquelle fut du poids de trente marcs;* le reste de cette argenterie fut employé en joyaux et autres ornements.

A un siècle de distance, deux prélats donnèrent donc chacun une statue de la Vierge, statues d'argent que nous retrouverons dans l'inventaire dressé en 1555.

Leur description mérite de fixer l'attention. La première portait une rose à la main et une autre sur la poitrine ; sa tête était entourée d'une couronne d'argent, et la statue tout entière était enrichie d'une grande quantité de pierreries ; c'était la Vierge immaculée.

La seconde était plus petite ; elle représentait la Vierge mère, tenant l'enfant Jésus sur son bras gauche ; elle avait aussi une rose à la main droite et portait au cou *un pectoral pendant, relevé d'un saphir sur le milieu, et de deux rubis avec deux oiseaux enchâssés d'un autre rubis*. La couronne était ornée de vingt-trois pierres précieuses. La statue était en vermeil.

Les artistes, au moyen-âge, représentaient souvent la Vierge avec une rose à la main *(rosa mystica)*, ou bien portant une branche de lys, emblème de la pureté. La piété des fidèles se plaisait à les orner de pierres précieuses, de perles et de diamants. On en faisait de la sorte un objet de vénération, non-seulement au point de vue du culte, mais encore sous un rapport plus mondain, et il semblait que le respect qu'elles inspiraient dût grandir en raison directe de leur valeur intrinsèque.

Ces statues, d'après une vieille coutume, étaient revêtues, aux jours de grandes solennités, de robes brodées ou d'ajustements d'une grande richesse, où le prix de la matière était souvent dépassé par l'exquise recherche du travail. Mais si ces robes de drap d'or étaient admirables comme étoffes, il arrivait quelquefois que la forme en était ridicule et bizarre.

L'inventaire du trésor de Notre-Dame constate que cette coutume était suivie à Embrun, car nous lisons dans sa nomenclature que l'église possédait :

« Une robe de Notre-Dame d'or plain, en deux pièces; une autre de damas blanc et une de satin bleu, et tout autant pour le petit Jésus, avec un devant de toile d'or. »

Mais toutes ces merveilles n'étaient pas les seules; elles avaient dans le trésor de l'église de nombreuses rivales en magnificence.

L'église d'Embrun avait, nous l'avons dit, un clergé puissant et imposant par le nombre; son chapitre se composait de seize chanoines, outre les chanoines honoraires, les bénéficiers, les prébendiers, les vicaires et les habitués. Plus de cinquante chapelains y célébraient tous les jours l'office divin au XVe siècle. Ce nombreux personnel se couvrait de vêtements somptueux les jours de fête, et c'est avec un étonnement mêlé d'admiration qu'on lit l'inventaire de ces richesses que la foi de nos pères avait entassées pendant plusieurs siècles avec une incroyable profusion.

L'inventaire du trésor de Notre-Dame d'Embrun est une pièce trop importante, il rentre trop dans le sujet que nous traitons, pour qu'il nous soit permis de le passer sous silence : aussi bien cet inventaire n'a pas été publié, que nous sachions, et les quelques extraits qu'en a fournis l'historien Albert (1) ne donnent qu'une idée très-imparfaite des merveilles dont il contient la longue nomenclature ; le voici dans toute son étendue, tel que le P. Fornier l'a transcrit dans son histoire en l'accompagnant de quelques réflexions (2) :

ARGENTERIE.

Deux anges d'argent surdorez portant chacun un chandelier en main, et le sousténement était émaillé de diverses couleurs ; le reste est déchiré dans l'inventaire.

(1) Tom. II, pag. 312.
(2) *Histoire manuscrite des Alpes Maritimes*, pag. 99.

Une argenterie journalière que l'on mettait sur le grand autel, composée d'une croix que l'on porte tous les jours, dit l'inventaire, avec son bâton couvert de plaques d'argent. Un calice avec sa patène d'argent. Un parement d'argent qui tenait tout le long de l'autel, avec plusieurs images ou statues d'argent, et plusieurs pierreries. C'est celui que Belleforest a décrit, dans sa cosmographie, comme un ouvrage digne qu'on en fît part à la postérité, et qui seul pouvait tenir lieu d'un riche trésor (1), et cependant ce n'était rien en comparaison de ce qui paraissait aux jours solennels. Une custode d'argent où l'on met Notre Seigneur, le tout surdoré; quatre lampes d'argent dans le presbytère, au deçà des grilles de fer qui le séparaient d'avec la nef.

Quatre bourdons d'argent (2) avec deux écus-

---

(1) Belleforest ne le décrit pas; il ne fait que le signaler aux visiteurs. Cet écrivain était venu à Embrun à l'époque de la construction du Réal, qui était, dit-il, en forme de dôme. On lit, à propos de ce surtout ou parement, dans les *Antiquités des villes et châteaux de France*, par André du Chesne; Paris, grand in-8°, p. 845 : « L'église riche de grandes somptuosités et surtout d'un tableau tout d'argent, relevé de plusieurs personnages, qui sert d'ornement au-devant de l'autel. »

(2) Longs bâtons surmontés d'un ornement en forme de pomme.

sons et les armoiries ; la description a été rongée par les rats dans l'inventaire.

Un bâton d'argent avec un anneau de même, enrichi de trente-une pierres précieuses, onze desquelles étaient fort grandes.

Un bras de saint Veran, couvert de feuillages d'argent surdorés; le reste est rongé dans l'inventaire.

Deux burettes d'argent: deux bourses dans un coffret, l'une garnie de plusieurs perles, avec des lettres d'argent surdoré, et l'autre brochée d'or avec les tirans de soie verte.

Une petite couronne d'argent : deux crosses d'argent avec leurs bâtons de même, l'une avec les armes de Rostain d'Ancedune, et dans le cercle un crucifix de même, surdoré; l'autre ayant les armes, dit l'inventaire, des trois grandes vitres, que Jacques Gelu avait fait réparez ou possible de Pastor (1) ; dans le cercle de cette dernière crosse il y avait un petit tabernacle avec un agneau au-dessus.

Une couronne de cuivre garnie de pierreries qui faisaient le prix de cet ouvrage : le reste de la description est rongé.

(1) Pasteur d'Aubenas, archevêque nommé à Embrun en 1338, devint cardinal en 1352.

Une couronne d'argent dans l'armoire où l'on tenait la statue de Notre-Dame, et celle de saint Marcellin (1).

Deux chandeliers d'argent avec les armes de Rostain d'Ancedune au pied.

Une grande croix surdorée avec une Notre-Dame et un saint Jean aux côtés, avec leurs bases et quatre pattes de lions, tout d'argent.

Une autre grande croix aussi d'argent surdoré avec son siége et ses pattes, accompagnée de son crucifix, de Notre-Dame et de saint Jean aux deux côtés, enrichie de quarante-une, tant pierres précieuses que perles grosses, moyennes et petites.

Une croix et son crucifix, ayant Dieu le père au-dessus, Notre-Dame et saint Jean des deux côtés, au pied la représentation (2) d'un chanoine, les quatre évangélistes au dos de la croix, avec un agneau au milieu, ayant la croix en étendart, le tout argent surdoré.

Une croix de Rostain d'Ancedune avec son pommeau et son bâton à sept canons, tout revêtu d'argent, huit anneaux sur les jonctures des

---

(1) Cette armoire n'aurait-elle pas été taillée dans le pilier qui est en face des orgues de Louis XI?

(2) Portrait.

canons et deux petites chaînes avec deux fermillons argent.

Une petite croix journalière toute d'argent pour les processions avec du bois de la vraie croix au-dedans.

Trois calices d'argent fort beaux avec les patènes de même.

Deux croix pour les piffars aux processions, avec leur crucifix d'argent et trente-une pierres précieuses grosses ou petites en l'une, et à l'autre quarante-une, leurs boutons ou pommeaux de cuivre surdoré, et leurs siéges de même matière, avec quatre lionceaux au-dessus.

Une petite croix d'argent avec sa base, et son crucifix de même et onze pierres précieuses sur le devant.

Encore une autre croix avec son pied, ses lionceaux, son crucifix, Notre-Dame et saint Jean, le tout argent surdoré.

Un grand encensoir avec sa navette d'argent surdoré et émaillé.

Deux autres encensoirs d'une grosseur ordinaire, avec leurs navettes, le tout argent; et trois autres encensoirs aussi argent, dont l'un était d'une grosseur extraordinaire.

Les Evangiles en parchemin couverts de soie rouge et de deux lames d'argent au-dessus de cette soie, avec la figure d'un crucifix ciselée au haut de l'une de ces lames, et encore celles de Notre-Dame, de saint Jean, et au-dessus Dieu le père, quatre anges aux quatre coins, et les agrafes ou crochets de même argent.

L'image ou la statue de Notre-Dame, avec une rose à la main, et une autre sur la poitrine, une couronne, le tout argent, et enrichi tant la couronne que le reste de la figure d'une grande quantité de pierreries.

Une autre image de la sainte Vierge plus petite, avec Jésus-Christ sur son bras gauche et une rose à la main droite ; elle avait en son col un pectoral pendant relevé d'un saphir sur le milieu et encore deux rubis tout alentour, avec deux oyseaux d'argent surdoré et enchâssés d'un autre rubis ; la couronne était étoilée de vingt-trois pierres précieuses, et le reste de cet ouvrage était tout argent surdoré (1).

Une statue de saint Marcellin toute d'argent ; les rats ont rongé le reste de la description dans l'inventaire ; l'on tient qu'elle était presque sans prix (2).

(1) Nous verrons, dans le chapitre suivant, entre les mains de qui ces deux statues de la Vierge tombèrent lors de la prise d'Embrun par Lesdiguières

(2) Par ces mots : *presque sans prix*, le P. Fornier a

Une statue de sainte Catherine avec une rose à la main droite, une épée à la gauche, une couronne sur la tête aussi d'argent.

Une autre image en relief d'argent du comte de Mison, donnée par Jean-Jacques Milanois, qui est Trivulce, en reconnaissance de ce que ce comte de Mison son fils avait été guéri miraculeusement par l'intercession de Notre-Dame d'Embrun (1).

Une image en plate-forme de la sainte Vierge, de bois surdoré.

Une masse, ou le sceptre du bâtonnier de l'église, tout d'argent, avec ses armes.

Sept pectoraux (2) à cinq attaches sur un aiz carré, tout d'argent, chacun desquels porte la figure des quatre évangélistes, et au milieu celle de Notre-Dame et de Jésus-Christ entre ses bras, et à l'entour quatre boutons ronds surdorez qui terminent l'ouvrage. L'un de ces pectoraux représentait la lettre *M*, qui était semée de quantité de perles, et autres pierres de diverses couleurs :

---

voulu dire hors de prix, d'un prix inestimable ; elle valait plus de trente mille livres.

(1) Voir ce qui a été dit au premier chapitre.

(2) Cet ornement ne pouvait être porté que par les chanoines.

et il y avoit au dedans une platine flexible d'argent surdoré, avec quatre écussons à quatre aigles d'émail noir, avec une très-riche enchâssure tout autour de douze pierres précieuses, et au milieu une Annonciation en petites figures.

Une pierre d'autel de jayet noir, marquée de quatre croix dorées à l'entour, et au dedans d'une croix, avec ses corporaux de glace.

Une autre pierre d'autel, blanche, garnie de bois, où sont les armes de Rostain d'Ancedune.

Deux pectoraux d'argent divisez sur le milieu par une image enrichie tout à l'entour de quantité de perles.

RELIQUES ET RELIQUAIRES.

Perles en grande quantité dans un coffret de bois avec des reliques inconnues.

Reliquaire donné par Philippe Macri qui avait été dédié à l'usage et à l'utilité de Notre-Dame du Temple, où paraissait un grand os et une boette remplie de plusieurs reliques.

Le chef de sainte Ursule ayant une couronne d'argent surdoré ornée de douze grandes pierres précieuses, et de quatre petites, de deux fleurs de lys d'argent, et de cinq feuillages terminez et bouclez par une petite perle. Il y avait au dedans plusieurs ossements, une mâchoire avec trois dents de cette sainte.

Le chef de sainte Anne, sur quatre lions, le tout argent surdoré.

Le chef de saint Veran, dont il a été déjà parlé.

Des reliques de sainte Magdelaine dans une grande boette et au-dedans deux petites bourses, contenant une croix composée de pierres précieuses, avec certains caractères qu'on y avait gravez sur le milieu des petites croix.

Un petit coffre contenant des reliques des martyrs, avec une petite croix d'argent surdoré, et une pierre précieuse enchassée et au dedans des ossements des saints.

Le bras de saint Marc enchâssé en argent, garni de cent treize pierres précieuses; sa base était de cuivre surdoré, avec vingt-six pierres précieuses.

Une boette garnie d'argent dans laquelle on gardait quelques ceintures de la Sainte-Vierge.

Un reliquaire d'argent fort beau avec une petite croix d'argent surdoré, où l'on exposait quelquefois le corps de J.-C. au jour de la Fête-Dieu.

Un autre reliquaire d'argent embelli de plusieurs pierreries, contenant quantité de reliques.

Encore un reliquaire d'argent qui représentait l'Assomption de la bienheureuse Vierge, avec Jessé au pied, et les douze rois, six de chaque côté ; il y avait les armes du chapitre, et sur le haut la figure du Père éternel avec des anges dans une nuée ; aux côtés deux anges argent relevez ; et au-dessous un gobelet d'argent garni de boutons.... Le reste manque dans l'inventaire.

Une grande caisse où l'on enfermait plusieurs reliquaires et plusieurs petits coffrets ; une boette où l'on gardait de la vraie croix enchâssée en argent, ayant d'un côté un crucifix, Notre-Dame et saint Jean ; de l'autre des caractères gravez. Le couteau de saint Sperat martyr, couvert de taffetas ramagé. La coste de sainte Victoire garnie d'argent aux deux bouts. Plusieurs reliques de la Terre-Sainte, quelques broderies or et argent dont le récit est rongé dans l'inventaire.

Un vase d'argent surdoré avec l'enchâssure d'un cristal, et ce titre : *De ossibus beati Blasii martyris.*

Un autre petit vase de cristal garni d'argent à l'un des bouts.

Les reliques des dix mille martyrs données par Ardouyn Messereau.

ORNEMENTS DE GRAND PRIX.

Un coussinet plein de senteurs broché de toile d'or. Neuf carreaux de riche étoffe et plusieurs voiles de même. Autres carreaux sans nombre et très-beaux (1).

Des gants épiscopaux blancs : autres gants de laine blanche, avec un soleil d'or au milieu, des boutons d'or, et brodez sur le bas.

Habillement appelé or vieil.

Une chasuble de satin cramoisi, une autre de velours rouge; diverses estoles et manipules brochez d'or : une chasuble de damas blanc pommelée d'or; une autre chasuble et les deux dalmatiques de damas rouge garnies de velours vert et les offres d'or; une chasuble de velours violet, avec les dalmatiques de même étoffe et les offres d'or, qui est un présent de l'archevêque Jean Baile (2).

(1) On se souvient que Charles VIII en avait offert deux de la part de Louis XI.
(2) Archevêque en 1457.

Drap de velours violet appelé de Jean de Girard, archevêque (1).

Devant d'autel de satin bleu, avec les figures du crucifix, de Notre-Dame et de saint Jean ; autre de damas blanc avec les armes du comte Jean-Jacques Trivulce, Milanois (2). Une chasuble et les deux dalmatiques de velours violet, avec les offres d'or et sur le devant et au dos.

Paremens de taffetaz rouge appelé des Duplex, c'est-à-dire pour l'usage des jours simples doubles ; tous les habits de satin bleu ; autres de satin de Bourges ; autres de damas verd faits à l'antique ; autres de satin jaune ; autres de taffetaz verd, et les parements de satin verd. Chasubles de camelot rouge, autre de violet, l'offre de taffetaz rouge, autre de velours noir, autre de damas blanc pommelé pour les messes des épousées, et deux de damas blanc, avec les dalmatiques de même, aux armes de monsieur des Champs.

Douze dalmatiques de diverses couleurs pour les enfants.

Parements de la chaire archiépiscopale.

(1) Archevêque en 1432.
(2) Donné en 1516.

Habits d'église de taffetaz incarnat pour le premier jour de caresme, avec la chappe et les dalmatiques de même; autres pour le dimanche de la Passion, complets, de même que les autres dont je viens de parler.

Drap appelé d'Abraham, qu'on tient avoir été d'un prix inestimable, où était représenté le sacrifice d'Abraham, et qu'il fut permis à Charles Emmanuel, duc de Savoye, de garder en reconnaissance du rachept qu'il avait fait des ornemens de cette église d'entre les mains des huguenots.

Un devant d'autel que donna Balthazar de Jarente avec ses armes.

Une chappe d'or que Nicolas de Flisco, cardinal archevêque (1) d'Ambrun, donna, avec une chasuble et les dalmatiques, estoles et manipules, appelées l'or blanc.

Une chappe de velours violet pommelée d'or, avec les dalmatiques et la chasuble de même données par le même archevêque de Jarente.

Une chappe, avec la chasuble, les dalmatiques, l'estole et les manipules dites de l'or plein, que l'archevêque d'Ancedune avait données.

---

(1) Nicolas de Fiesque, archevêque en 1511.

Une autre chappe, chasuble, dalmatiques, estole et manipule, avec deux gros boutons d'or, et trois petits à la chacune, et leur houppes de fil d'or, le tout d'étoffe d'or frisé, qui fut un présent du même archevêque.

Deux parements d'autel que cet archevêque donna, de drap d'or, l'un d'or blanc et l'autre d'or frisé. Un parement d'or blanc avec des franges blanches tout autour, appelé poile, que deux chanoines portaient devant l'archevêque quand il officiait pontificalement.

Une chasuble avec les dalmatiques, les estoles et les manipules d'or à chainons, que le même Trivulce avait donnez.

Une chappe de damas rouge, appelé Palmeri ; une autre chappe de damas rouge pommelée d'or ; une autre de velours rouge ; trois de damas verd pommelées d'or ; une autre pommelée d'or, appelée de Rodulphy ; cinq autres chappes de velours violet, données par l'archevêque Baile ; trois de damas vert, et trois autres de damas orange.

Huit pièces de damas rouge d'une paulme de large ; deux grandes pièces de damas rouge avec la frange d'or au pied ; et deux autres moindres pièces aussi frangées d'or ; deux pièces de damas blanc ramagé.

Un collier d'or garni de perles, où l'on voyait la figure d'un apôtre. Un autre collier d'or fait en rond, où il y avait la figure de six agneaux en broderie. Un autre collier aussi d'or, garni de cinq pierres précieuses, et enrichi de cinq figures ou images. Un autre collier garni de pierreries et de cordons d'or, avec cinq pierres de diverses couleurs, et plusieurs petites boules.

Deux toises de velours blanc d'environ trois aulnes. Un petit coffre rempli de diverses pièces de drap d'or et de satin verd broché d'or.

Une chasuble, les dalmatiques, une chappe, estoles et manipules de damas obscur pommelé d'or. Une autre de velours roux nommée du Prévôt; une autre de damas blanc pommelée d'or : cinq chappes appelées l'or vieil, et une autre chappe verte de taffetaz armoisin, appelée des Roys (1).

Robbe de Notre-Dame, d'or plain, en deux pièces; une autre de damas blanc, et une de satin bleu, et tout autant pour le petit Jésus, avec un devant de toile d'or.

Tous les habits d'église appelez d'or vieil;

---

(1) C'est la chape qui fut donnée, vers 1320, par Edouard II, roi d'Angleterre; elle était merveilleusement belle.

quatre chappes de velours noir; une de damas noir; deux de velours rouge; quatre de velours blanc; une de velours blanc pommelé, avec la chasuble, les dalmatiques, les estoles et les manipules de même : deux chappes de damas blanc pommelées d'or; deux de damas violet; une de velours blanc; douze de diverses couleurs; et une de velours obscur.

Une mittre avec plusieurs pièces ou plaques d'argent émaillées en bleu, violet, et incarnat, avec ses deux pendans, accompagnez de seize pièces contenant diverses images, que je ne puis expliquer à cause que cela est rongé dans l'inventaire; néanmoins j'ai leu dans les paroles qui restent, qu'il y avait quatorze pièces garnies de pierreries et de fort grosses perles et en grand nombre, et que les bouts de pendans étaient fermez par dix boutons d'or assez longs avec leurs petits chainons.

Une autre mittre de damas blanc doublée de taffetaz armoisin. Une autre blanche de soye garnie de perles avec quatre pièces d'argent surdoré avec émail, deux sur le devant et deux sur le derrière, semé de perles partout; et finalement une autre petite mittre blanche.

Un poile d'or vieil fait à Lyon avec la frange tout autour; un autre poile de damas rouge avec les franges, donné par l'archevêque Jarente (1).

Il y avait après dans cet inventaire la description de quelques pièces brochées d'or et d'argent, dont je ne puis pas parler à cause que les feuillets sont rongés. Puis une bourse de toile d'or, où paraissait la figure d'un cœur, et d'une tête de femme, et quelques reliques sans billet, avec quatre pièces d'autres reliques inconnues.

Un rochet de toile de glace pour l'archevêque.

Un tapis de satin cramoisi; un autre tapis d'or vieil, doublé de toile jaune qu'on mettait sur le saint sépulchre.

Une tapisserie que l'on tendait aux fêtes doubles : un autre tapis appelé or vieil ; un autre de damas violet pommelé d'or ; autre de satin rouge; un autre rouge appelé le Dauphin (2), fait en coquilles; un de damas blanc pommelé d'or, bordé de velours rouge des deux côtés de la longueur ; un autre tapis de damas blanc ; un autre

(1) C'est l'ornement que nous appelons aujourd'hui le dais. L'église en avait un autre dont il a déjà été parlé.

(2) Probablement donné par un dauphin, peut-être par Louis XI.

de damas incarnat; un de velours verd; un de damas blanc garni aux deux bouts de passemens rouges; deux tapis antiques appelez les Nativités; quatre violets à la façon des tapis de Turquie; un de l'officiant appelé Hercule, ayant un lion et les armes de monsieur des Champs; un autre tapis dit des Quatre Vents; un autre du Pardon, nommé des Quatre Vents du Pardon; un vieil appelé les Six Ages; un autre appelé de Saint-Christofle; deux nommez Champs; deux autres les Vieilles Guerres; quatre autres tapis qui se mettent au trélis; et un pour l'archevêque.

Cet inventaire, dont la longueur dit plus que nous ne saurions le faire, fut dressé au XVIe siècle par Guillaume Meyssereau, Fr. Garcin, Michel de Bonne, oncle paternel du connétable de Lesdiguières, chanoines prébendés de cette église, par Claude Laurens, Urbain Alfant, bénéficiers en la même cathédrale, et par Sponts, notaire. Nous l'avons extrait de l'histoire manuscrite du P. Fornier, qui l'avait lui-même emprunté aux archives du chapitre. Il porte la date de 1555, sept ans après la visite de Henri II, et trente ans avant le pillage de la cathédrale.

CHAPITRE VI.

Médaille de Notre-Dame d'Embrun au XVIe siècle. — Réception du duc de Mayenne. — Prise d'Embrun; pillage du trésor de Notre-Dame. — Les fers du cheval de Lesdiguières. — Destruction du tableau miraculeux. — L'Église devient un temple protestant; elle est restituée à Guillaume d'Avançon. — Rachat des vêtements sacerdotaux. — Coup d'œil sur le trésor actuel de l'église. — Visite de Louis XIII; il est reçu en habits de chanoine. — Un duc de Savoie à Embrun.

Nous avons fait connaître quelles étaient les richesses de Notre-Dame d'Embrun : on nous permettra de dire un mot de l'importance de son archevêché. Les suffragants de l'archevêque étaient : les évêques de Digne, de Grasse, de Vence, de Glandèves, de Senez et de Nice; il ne relevait que du Saint-Siége et n'avait aucun primat au-dessus de lui.

Le pape Calixte II, qui avait été archevêque de Vienne, voulut soumettre à cet archevêché les métropoles de Bourges, Auch, Narbonne, Aix et Embrun. Cette primatie resta sans effet à l'égard de cette dernière, à qui les papes Eugène II et Innocent IV maintinrent ses anciens privilèges.

Les archevêques jouirent longtemps de certains droits régaliens : ceux de battre monnaie, de rendre la justice, d'établir des impôts et des péages, tant sur terre que sur la Durance Ils reçurent pendant longtemps l'hommage des dauphins et portèrent le titre d'archevêques, princes d'Embrun, princes grands chambellans du St-Empire, comtes de Guillestre, de Brezier et de Beaufort. Les terres qui formaient leur principauté se composaient de quinze paroisses, et leurs droits seigneuriaux s'étendaient sur diverses localités de la vallée de Barcelonnette. Plusieurs prélats préférèrent Embrun aux sièges les plus renommés de la France. Jacques Gélu quitta celui de Tours, Jean Girard renonça à celui de Reims, et Guillaume d'Avançon avait refusé ceux de Vienne et d'Arles, pour se fixer à Embrun. C'était le pèlerinage à Notre-Dame qui lui donnait tout cet éclat.

La ville d'Embrun était essentiellement religieuse, c'était là le côté dominant de sa situation morale et matérielle ; comme beaucoup de villes, comme Vienne et Arles, elle a tout perdu en perdant sa splendeur sacerdotale. Briançon lui a ravi son importance militaire ; la révolution lui a enlevé son archevêché, qui faisait sa renommée et sa fortune, et les guerres de religion, en détruisant le Réal, tarirent une des sources les plus abondantes de sa prospérité.

Le tableau de Notre-Dame attirait, nous l'avons dit, une foule considérable de pèlerins qui séjournaient dans la ville ; de nombreuses hôtelleries les hébergeaient et quantité de petites industries vivaient de ce concours de peuple. Divers négoces se créent ordinairement dans les centres où la foule se presse, et dans les lieux de pélerinage il se fit de tout temps un commerce d'objets de dévotion, images religieuses, emblèmes, chapelets, médailles, statuettes. Cette industrie existait à Embrun, et nous avons eu la bonne fortune d'avoir entre nos mains une matrice, ou plutôt un coin de fer trempé avec lequel on frappait les médailles ou images de Notre-Dame du Réal.

Cette pièce, d'une importance capitale pour le sujet qui nous occupe, nous a fourni de nombreuses empreintes à la cire, et notre satisfaction a été grande d'y trouver l'image fidèle du tableau miraculeux, avec une inscription circulaire et tous les personnages du Réal : la Vierge et l'enfant Jésus, les Rois Mages, saint Joseph et l'ange, dans la position qu'ils occupaient sur la peinture miraculeuse (1).

Au premier aspect, on prendrait volontiers ce coin pour un sceau ; nous crûmes un instant que c'était celui du chapitre d'Embrun ; mais l'absence d'armoiries et un examen plus attentif ne tardèrent pas à nous détromper. Nous avions sous les yeux un monument curieux de la gravure au XVIe siècle.

On sait que les confréries et les corporations avaient des mereaux ou jetons, la plupart en laiton, en plomb ou en étain, qui ne portaient, assez souvent, des empreintes que sur une de leurs faces ; c'étaient quelquefois des signes distinctifs de ralliement qui s'attachaient par un crochet aux chaperons et aux vêtements. La

---

(1) Cette communication nous a été faite par notre ami le docteur de Brye, médecin à Vienne (Isère), bibliophile distingué et collectionneur infatigable ; qu'il reçoive ici la nouvelle expression de nos remerciements. Notre travail était déjà achevé et imprimé en grande partie lorsqu'il nous a remis ce coin.

médaille de Notre-Dame d'Embrun était ainsi faite; Louis XI en avait une constamment fixée à son chapeau, *image de plomb ou d'étain,* nous dit Claude de Seyssel, et si le coin dont nous nous occupons n'a pas frappé l'effigie que portait ce monarque, nous avons la conviction qu'il en reproduit l'image et vraisemblablement le module.

Ce coin est en fer; il a quarante-cinq millimètres sur toutes les faces, et quatorze centimètres d'élévation. Dans ce petit carré de quarante-cinq millimètres, l'ouvrier a gravé le Réal avec son arc de cercle figurant le tympan du portail ; au-dessus de la courbe et dans les angles supérieurs, on voit, d'un côté, une fleur de lis, et de l'autre un emblème en partie effacé, que nous pensons avoir été un dauphin.

La Vierge-Mère est assise au milieu, faisant face au spectateur; elle tient sur ses genoux l'enfant Jésus posé de face. Sa tête porte une riche couronne, et, au-dessus d'elle, au sommet du tableau, est gravée l'étoile qui conduisit les rois. A sa droite, sont les Rois Mages, la tête ceinte d'une couronne, moins ornée que celle de la Vierge; l'un est sur le devant, à genoux; il est vu de trois quarts et offre un coffret ou une cassolette à l'enfant Jésus; les deux autres, représentés presque de face, sont droits et tiennent les mains jointes. A gauche de la Vierge, on ne voit que deux personnages, saint Joseph et l'ange, tous deux également debout. Saint Joseph a une palme à la main ou une branche de lis, symbole de son union virginale, et l'ange, vêtu d'une tunique, se reconnaît à ses ailes aiguës, dont on aperçoit les extrémités.

Ces figures, sauf celle de saint Joseph, qui est un peu effacée, se reproduisent dans les empreintes avec la plus grande netteté ; mais il n'en est pas de même de l'inscription circulaire, qui a subi de notables dégradations et qui est fruste dans certaines parties (1); la voici :

IASPAR MELCHIOR BALTAZAR. REGNA. OE. I. IOSH. AGLS. D^{NI}.

Elle se recompose facilement en celle-ci : Iaspar, Melchior, Balthazar, Regina cœli, Joseph, Angelus Domini.

(1) Ce coin, longtemps confondu dans la vieille ferraille, a servi de marteau. C'est ce qui explique les altérations du dauphin et d'une partie de l'inscription. Nous ne pouvons expliquer sa présence à Vienne, chez un marchand de bric à brac, où il a été acheté. (Voir la gravure en tête du volume.)

Le graveur avait inscrit les noms des trois rois sans abréviation : Iaspar, Melchior, Baltazar. Aussi ces mots tiennent-ils plus de la moitié de l'espace circulaire ; les autres sont très-abrégés ; les mots coeli, ioseph ne se lisent qu'à l'aide de quelques lettres à peine distinctes. L'ange est désigné par agls. d^{ni}. Ces derniers mots sont intacts.

Au-dessous des figures, se trouve, en lettres plus grosses, une inscription française, qui n'a pas besoin de traduction et qui est ainsi conçue : nre. dame. dabrvn.

Ces deux inscriptions sont gravées en capitales qui présentent un mélange de la lettre romaine et de la lettre gothique. L'exécution en est mauvaise, inégale, irrégulière ; les distances, mal conservées, ont nécessité des abréviations qui auraient été inintelligibles si elles ne portaient sur des noms bien connus, et si nous n'avions eu pour nous aider l'inscription du Réal.

Comme on le voit, l'inscription circulaire de la médaille est presque la même que celle du tableau, sauf, toutefois, quelques légères différences ; le mot de Iaspar, oublié dans la première, se trouve dans celle-ci ; l'ange est désigné par les mots *angelus Domini*. Le mot *Domini* abrégé serait-il le mot qu'on pense avoir été gratté lors de la destruction du Réal? ce serait possible : le texte de l'Évangile autoriserait également à le penser (1).

L'ange est ici vêtu d'une tunique comme dans le tableau de l'Annonciation; les Rois Mages et la Vierge sont couverts de manteaux. La composition de cette image est d'une naïveté primitive; il n'y a en apparence aucun lien, aucune relation entre les personnages, à part le fait de l'Adoration du Roi Mage, qui est à genoux, et qui offre ses présents; les autres sujets sont dessinés les uns à côté des autres, en quelque sorte comme des soldats rangés en ligne; l'inscription circulaire n'est ici, comme dans le Réal, qu'une simple indication.

Telle est cette curieuse pièce, qui nous donne sur l'image sainte les notions les plus complètes, les plus certaines qu'on puisse désirer, qui nous fait connaître l'ordonnance du tableau, la position de tous les personnages, leurs vêtements, leur attitude; elle nous confirme dans tout ce que nous avons écrit au deuxième cha-

---

(1) Ecce *Angelus Domini* apparuit in somnis Joseph dicens..... Evangile selon saint Mathieu, c. II, v. 13.

pitre sur le Réal et sur le tableau de l'Annonciation (1).

Ce coin a sans doute appartenu à un imagier, à quelque honnête industriel qui en faisait son gagne-pain, ou plutôt au chapitre, pour lequel il était une source de produits employés à l'entretien du culte. Il est fatigué; on voit qu'il a fait un long service, et il porte dans sa partie supérieure les traces des coups de marteau qu'il a reçus pour la fabrication des médailles de plomb qui se vendaient aux pèlerins, à la porte du vestibule, et dont il se faisait assurément un considérable débit.

Pendant les XV° et XVI° siècles, cette église fut donc à l'apogée de sa grandeur et de sa gloire, ses richesses s'étaient accumulées durant ce long espace de temps, mais un seul jour suffit pour la précipiter du trône que lui avait érigé la foi, et la plonger, en quelque sorte, dans l'oubli.

Les guerres de religion désolaient le midi de la France. Guillaume d'Avançon, alors archevêque

---

(1) Réparons un oubli que nous avons commis en parlant du tableau de l'Annonciation. Une inspection plus attentive nous a convaincu qu'il avait été recouvert par un petit dôme ou Réal en bois qui a été détruit probablement en 1585. On en voit les traces sur la façade; il se terminait en pointe.

d'Embrun, luttait avec énergie contre les progrès que faisaient les doctrines de Calvin ; il ne put, toutefois, en préserver complètement son diocèse. Les vallées du Queyras et la commune de Freyssinières qu'avaient habitées les Vaudois, offrirent de nouveau un asile aux ministres de la religion réformée et à leurs partisans. D'Avançon, en zélé défenseur de l'église catholique, s'était jeté dans le parti de la ligue et en était devenu, dans cette province, un des chefs les plus ardents. Vers 1580, Charles de Lorraine, duc de Mayenne, qui avait voix prépondérante dans le parti, visitait le Haut-Dauphiné ; il avait quitté Gap le 12 octobre et s'était dirigé vers Embrun.

Cette ville reçut avec éclat le vainqueur des protestants de la Provence et du Dauphiné. Guillaume d'Avançon fut l'ordonnateur de la fête et en fit les principaux frais. Les miliciens prirent les armes, on dressa des arcs de triomphe, on alla en procession au devant du guerrier ; les consuls lui firent de belles harangues et les muses embrunoises rimèrent des vers en son honneur.

Sur la porte de la ville, du côté de Gap, on lisait :

> Ouvrez vos murs, Ambrunois,
> Et recevez ce grand Charles
> Qui, au seul bruit de ses armes,

> Donne paix aux Dauphinois,
> Et que l'olive pasmée (1)
> Entortille les festons
> Qu'on pose en tous les cantons
> Pour décorer son trophée.

L'arc de triomphe dressé dans la ville était orné de cette inscription :

> D'autant qu'on ne sçaurait, o grand prince Lorrein,
> Te préparer le triomphe que ta guerrière main
> A acquis ici-bas en domptant les rebelles,
> Nos neveux t'en rendront louanges immortelles,
> Afin que tous les peuples à la postérité
> Voyent Timoléon en toi ressuscité.

Une autre inscription se lisait encore sur la porte de son logis. Bien qu'elle ne brille pas par la facture du vers et par la clarté de la pensée, nous la donnons comme un spécimen de cette louange exagérée, ridicule et de mauvais goût, dont les puissants de l'époque s'accommodaient fort bien :

> Justice et Piété d'ici-bas exilées,
> Par ta grande vertu ont esté rappelées
> Au doux son de la paix entonné du grand Dieu

(1) Terme de blason.

Qui t'a voulu choisir en ce terrestre lieu,
Notre libérateur, pour refermer le temple
Où Mars par si longtemps ses forces a mis ensemble (1).

Les archives de la ville d'Embrnn ne disent pas autre chose du séjour de Mayenne, du but de son voyage. Nous ignorons donc s'il faut lui donner une cause religieuse ou politique. Nous pensons avec M. Long qu'il venait pour la construction de la citadelle. En se reportant à l'époque où il fut effectué, on pourrait, sans trop de hardiesse, les lui assigner toutes les deux à la fois. Deux seigneurs, deux chefs influents tels que Mayenne et Guillaume d'Avançon, ne se rencontrent pas sans s'occuper des affaires de leur parti ; d'un autre côté, la pompe religieuse déployée, les processions, les arcs de triomphe, le sens des inscriptions, tout indique une manifestation catholique, dont quelques épisodes durent avoir l'église de Notre-Dame d'Embrun pour théâtre.

(1) M. Charronnet, archiviste à Gap, a bien voulu nous communiquer ces inscriptions, qu'il a détachées de son travail manuscrit sur l'histoire des guerres de religion dans les Hautes-Alpes ; travail qui a obtenu la mention très-honorable à l'Académie des inscriptions et belles-lettres, concours des antiquités de la France.

Mais le libérateur ne referma pas bien hermétiquement la porte du temple

Où Mars par si longtemps ses forces a mis ensemble ;

car cette porte se rouvrit à deux battants quelques années plus tard, et donna libre passage à un guerrier du parti protestant, originaire de ces contrées, plus célèbre encore que Mayenne, et qui ne devait pas être reçu dans la ville archiépiscopale au joyeux carillon des cloches et sous des arcs de triomphe.

On ne peut se défendre d'une douloureuse émotion quand on songe aux cruautés commises pendant les guerres de religion ; à ce lugubre récit, l'humanité se voile la face. Ces guerres furent atroces dans cette partie du Dauphiné, et, ce qui attriste plus encore, c'est de voir officiers et soldats, tour à tour protestants et catholiques, suivant les chances de la guerre, provoquer les abjurations ; en faire une question de vie ou de mort ; commettre au nom des deux cultes les mêmes ravages, les mêmes barbaries ; combattre le lendemain leurs frères d'armes de la veille ; s'enrichir de leurs dépouilles au nom du Dieu de clémence et de paix ; déchirer de leurs propres mains le cœur de la patrie ; saccager les villes, détruire les monuments, et, semblables aux barbares, traîner après eux l'incendie, la dévastation, la ruine et la mort (1).

Ainsi le voulurent les décrets de la Providence. La ville d'Embrun, toute-puissante et enrichie par le pèlerinage à sa Vierge, fut opprimée au nom d'un culte dissident : ce qui avait été la cause de sa fortune devint la source de ses malheurs.

Lesdiguières, à la tête des protestants, s'était emparé de Chorges (2); il dirigea ses vues sur Embrun. Il désirait s'assurer de la personne de Guillaume d'Avançon, chef de la ligue, un des plus vertueux prélats de son temps, et emporter par surprise cette ville fortifiée qui était la clef des Alpes. Avec Embrun, il était maître des montagnes, il donnait aux partisans de la réforme un abri sûr, et une retraite à son armée

---

(1) Lesdiguières, d'abord catholique, se fit protestant, puis revint à la foi de ses pères et fut fait connétable. Né à Saint-Bonnet, près de Gap, il fut l'ennemi acharné de cette ville, aussi bien que d'Embrun ; il leur fit beaucoup de mal. Cependant on ne doit pas lui faire l'injure de le comparer à son féroce coreligionnaire, François de Beaumont : le baron des Adrets, qui changea aussi plusieurs fois de religion, était un tigre dont le nom seul, pendant deux siècles, fut un sujet de terreur dans le Dauphiné.

(2) Petite ville de l'arrondissement d'Embrun.

en cas d'échec. Outre ces raisons, Videl, son secrétaire et son historiographe, en fait pressentir d'autres (1): « Il ne pouvait avant cela faire estat d'avoir donné un ferme établissement à sa fortune. » Ces motifs particuliers d'intérêt autorisaient, en quelque sorte, le P. Fornier à écrire dans son histoire : Que si Lesdiguières n'eût eu le trésor de Notre-Dame, il n'aurait jamais contenté *l'avidité de cette armée de picoreurs qui n'avaient quitté la religion catholique que pour piller et ruiner les églises.*

Quoi qu'il en soit des vues politiques de Lesdiguières, ce qui est certain, c'est qu'il partit de Chorges dans la nuit du 19 novembre 1585 ; il divisa ses troupes en plusieurs détachements et les fit arriver par des chemins détournés à la porte de la citadelle, qu'il fit enfoncer de deux coups de pétard. A peine entrées, ses troupes furent saisies d'une terreur panique et commençaient à fuir, lorsque le capitaine Jacques, surnommé le Roure, les ramena au combat. L'attaque recommença avec fureur, et la garnison vaincue fut passée au fil de l'épée. Lesdiguières, maître de la citadelle, attaqua la ville où les

---

(1) *Histoire de la vie du connétable Lesdiguières*, par Videl, pag. 56. Paris, 1638, 1 vol. in-folio.

habitants s'étaient mis à couvert derrière quelques barricades. Ces faibles remparts furent bientôt emportés, et Gessan et Descrottes, chefs des catholiques, se réfugièrent dans la tour brune, après avoir mis le feu à la toiture de l'église pour empêcher aux protestants de s'y établir. Mais leur résistance fut inutile, Lesdiguières, maître partout, fit éteindre le feu et exempta la ville du pillage en la frappant d'une contribution de dix mille écus (1).

Cette contribution de guerre ne sauva pas la cathédrale. « Les soldats, dit Videl, dont on ne pourra pas contester le témoignage, et plusieurs des chefs même, ne laissèrent pas de se jeter dans l'archevêché et dans l'église, quoiqu'elle brûlât

(1) Après que Gessan et des Crottes, autrement appelé Mathieu de Rame, eurent fait toute la résistance que la plus haute bravoure peut faire en ces occasions, ils furent enfin obligés de se rendre, mais ce fut par une capitulation très-avantageuse. Dupleix dit que Gessan fut fait depuis gouverneur de la citadelle de Valence, par le duc de Maine. Les huguenots ne voyant plus de résistance usèrent insolemment de leur victoire; ils mirent le feu au palais de l'archevêché et le réduisirent en cendres. Perrin dit que cela fut fait par les catholiques, ce qui est une continuation de ses mensonges, puisque les catholiques mirent seulement le feu au couvert de l'église, par les raisons que j'ai touchées. *Histoire des Alpes Maritimes,* pag. 472.

encore. Les Orres (1) et Bardonanche furent loués de s'être abstenus d'y entrer. Entre autres précieux ornements dont elle estoit enrichie et qui furent enlevés, il y avoit deux grandes images d'argent, l'une de la sainte Vierge, l'autre de saint Marcellin. Celle-ci massive, pesant environ six mille écus ; l'autre, quatre ou cinq cents seulement, pour ce qu'elle estoit creuse. La première fut le partage du pétardier (2), et le saint tomba entre les mains de l'un des principaux lieutenants de Lesdiguières, à qui les ligueurs, pour rendre sa personne plus odieuse, imputoient d'avoir fait ce butin. » Le pétardier, l'officier d'artillerie, ou l'ingénieur dont il est ici question était un nommé Jean-Baptiste Gentil, natif de Florac. C'est le P. Fornier qui nous donne son nom, d'après Scipion Dupleix. Cet historien dit, en effet, que Jean-Baptiste Gentil, qui était un *très-excellent ingénieux*, fit l'ou-

---

(1) Les Orres, seigneurie à trois lieues d'Embrun, appartenaient alors à un membre de la famille Girard, qui prenait le nom de Girard des Orres.

(2) On appelait ainsi l'officier d'artillerie qui plaçait le pétard. Cet engin de guerre, inventé, dit-on, par les religionnaires, était une espèce de canon de fonte fort court, étroit par la culasse et large par l'ouverture On l'attachait par ses anses à la porte qu'on voulait enfoncer.

verture de la fausse porte de la citadelle, la nuit, avec ses pétards (1).

Nous compléterons le récit de Videl sur le pillage de l'église, par celui d'un écrivain dont les ouvrages sont justement estimés pour leur exactitude.

L'historien Bouche répète comme Chorier et bien d'autres la version de Videl. Il ajoute « que les protestants emportèrent l'image d'argent de la sainte Vierge appréciée à cinq ou six cents écus, et celle de saint Marcellin, pesant environ six mille écus; les croix, les calices, les chandeliers, les châsses, les reliquaires, les custodes, les ciboires, les encensoirs, les couronnes, les crosses, les mîtres d'or et d'argent, présents faits à cette église par un grand nombre d'empereurs, rois, princes et évêques, et par dessus cela les

(1) « En ce même temps, François de Bonne, s^r de Les-Esdiguières, gouverneur en Daufiné pour les religionnaires, désirant faire voir qu'il estoit digne d'une si importante charge que les principaux chefs du parti lui avaient enviée, fit plusieurs belles et hardies entreprises, la plupart desquelles lui réussirent heureusement. Toutefois, la gloire de l'exécution des plus importantes est donnée à Jean-Baptiste Gentil, natif de Florac en Gevaudan, Génois d'extraction, *très excellent ingénieux* : lequel de nuict avec ses pétars, lui fit ouverture des portes de la ville d'Embrun... » DUPLEIX. *Hist. de France*, tom. IV, pag. 183.

riches parements d'autel, chasubles, dalmatiques et poëles; quelques-uns desquels furent apportés en Provence pour y être vendus. J'ai connu un ecclésiastique qui avait acheté à bon marché, d'un soldat, une de ces riches chasubles. La même armée brûla tous les livres et les documents des églises de cette ville, mit au pillage les maisons des ecclésiastiques et leurs têtes à la rançon, etc. (1). »

Cependant nous devons faire remarquer encore que Chorier ainsi que Bouche ont adopté de confiance le récit du secrétaire de Lesdiguières, et nous avons tout lieu de croire que ce récit n'est pas exact. Comment concilier les dévastations commises avec la contribution de dix mille écus dont le vainqueur, au dire de Videl, aurait frappé la ville pour lui épargner les horreurs du pillage?

Nous comprenons très-bien le but de l'historiographe, nous devrions dire plutôt de l'apologiste, qui se préoccupait avant tout de la renommée de son maître; mais il est certain que d'après les documents trouvés dans les archives d'Embrun les choses se passèrent autrement.

(1) *Histoire chronologique de Provence*, tom. II, pag. 690, 2 vol. in fol. Aix, 1664.

La ville fut frappée d'une contribution de dix mille écus; le chiffre ne paraît pas contestable, il est donné par Videl qui assistait à la prise de la ville et par Fornier qui écrivait, en quelque sorte, sous la dictée des témoins oculaires de l'événement. Il paraît que cette contribution n'atteignit ce chiffre que successivement, à la suite de diverses décisions ou ordonnances de Lesdiguières.

La ville fut d'abord livrée au pillage et frappée d'un premier impôt de guerre de six mille neuf cent quatre-vingts écus qui furent partagés de la manière suivante :

Entretien de cent vingt gendarmes de Lesdiguières, quinze cent onze écus.

Idem de cent vingt arquebusiers à cheval, huit cent quarante-deux écus.

A M. de Morges, pour lui et ses gendarmes, neuf cent dix écus.

Au capitaine Arthaud et à ses cinquante-six arquebusiers, quatre cent quatre-vingt-sept écus vingt sols.

A un autre capitaine d'arquebusiers, quatre cent trente écus.

Différentes sommes furent encore distribuées à d'autres officiers, et on remarque dans la nomenclature, deux cents écus donnés aux secrétaires de Lesdiguières (Videl en était un) et encore trois cents écus pour *certaines négociations.*

Ces négociations font penser que la trahison n'avait pas été étrangère à la prise de la place : il est certain que l'arrivée de Lesdiguières était prévue.

« La garnison, dit M. Long, avait été prévenue de l'approche des soldats de Lesdiguières. Gentil, en se présentant, répond au *qui va là ?* de la sentinelle : *C'est M. Lesdiguières qui te vient pétarder.* Les pétards font leur effet et la ville est emportée. Les soldats du donjon se défendent bravement, mais Gentil les menace de les faire sauter en appliquant le pétard à la porte du magasin à poudre. Ils capitulèrent (1). »

Il y eut certainement des traîtres à Embrun ; déjà en 1581 l'archevêque Guillaume d'Avançon, dans des lettres autographes qui ont été trouvées à la mairie de cette ville, signalait les menées de certains habitants et prêchait la méfiance à leur égard.

La place était forte et la citadelle, nouvelle-

---

(1) *La Réforme et les Guerres de religion en Dauphiné*, par J.-D. Long. Paris, Firmin Didot, 1856, in-8º, pag. 186.

ment construite par le duc de Mayenne, en bon état de défense. La garnison était brave, et la petite armée des assiégeants aurait été incapable d'emporter cette ville d'assaut, si Lesdiguières n'eût employé la corruption.

Voici une lettre que d'Auriac (1), gouverneur du Gapençais, écrivait aux habitants de Tallard, le 19 novembre au soir, et qui nous confirme dans cette opinion :

« Messieurs, je crois que vous aurez sçu déjà l'*inconvénient* qui est arrivé à Embrun, qui se peut dire combien il est grand, car ils y sont entrés par la citadelle tellement que pour ce moyen et la citadelle et la ville tout est perdu. Or il faut que nous croyons que Dieu nous donne ces peines pour nous éprouver, et plus particulièrement nous que tous les autres ; aussi faut-il faire paraître que ce danger ne nous étonne point, et que c'est lors qu'il faut montrer que nous sommes gens de bien, et ne s'en pourroit présenter une plus digne occasion... Je vous prie d'avoir l'œil ouvert en deux choses principalement : la première *c'est que vous gardiez d'être trahis, et*

---

(1) Bonne d'Auriac était un cousin de Lesdiguières et un de ses plus redoutables adversaires : il est considéré comme un des plus braves chevaliers du xvie siècle.

que le château ne se tourne contre vous comme il s'est tourné contre M. de Gessan, et à cela veillez tellement que vous vous en gardiez (1). »

Outre les six mille neuf cent quatre-vingts écus dont nous venons de parler, les habitants furent quelque temps après condamnés à payer douze cents écus pour avoir laissé échapper douze prisonniers de marque confiés à leur garde; c'étaient sans doute quelques malheureux prêtres.

D'autres contributions furent encore imposées à la ville, mais nous ne savons ni à quel propos ni dans quelle proportion, et si, comme nous n'en doutons pas, le récit de Videl et celui de Fornier sont exacts, ce furent encore dix huit cent vingt écus qu'elle eut à payer.

Nous avons dit que ces divers impôts de guerre ne sauvèrent pas la ville du pillage. Celui de l'église et de l'archevêché est incontestable ; les historiens sont unanimes. A l'égard des habitants, le doute était permis, mais une pièce originale qui est encore à la mairie d'Embrun (2) ne permet aucune hésitation : le pillage de la

(1) Archives de Tallard, communication de M. Charronnet.

(2) M. l'abbé Sauret nous l'a communiquée.

ville dura depuis le jour de la prise jusqu'au cinq décembre suivant, c'est-à-dire seize jours.

Pendant tout ce temps-là les habitants furent à la merci du vainqueur, leurs personnes outragées, leurs maisons envahies et leurs récoltes pillées. Enfin Lesdiguières publia un ordre qui mettait fin à ce triste état de choses; le voici :

« Le seigneur des Diguières,

« Nous avons prins et prenons en nos protection et sauvegarde les manans et habitans de la ville d'Ambrun et permis aux absents de se retirer et négocier leurs affaires librement et seurement tout ainsi qu'ils souloient faire avant la prinse d'icelle. Mandons qu'ils restent et se comportent paisiblement et sans attenter aucune chose au préjudice du parti de la religion reformée et payent leurs contributions. Defendons à tous gens de guerre, et autres deux partis de quelque qualité et condition qu'ils soient, de troubler, molester, et inquiéter les sieurs habitans, soit en leurs personnes, familles, serviteurs ou biens quelconques ; ni de chercher, prendre, ou enlever aucuns grains, vins, bétail, foins, pailles, ou autres meubles quels qu'ils soient, si non en payant au taulx par nous ordonné, et de bon gré et consentement ou de nostre commandement exprès, à peine de vie.

« Fait à Ambrun le cinquième jour du mois de dexambre mil cinq cent quatre-vingt et cinq. Signé Lesdiguières. »

Ce ne fut donc qu'à partir de ce moment qu'il put être permis aux habitants de sortir et de vaquer à leurs affaires, et encore nous savons ce que valaient de pareils sauf-conduits ; le vaincu a toujours tort, et ici la persécution ne continua pas moins à peser sur les membres du clergé.

Telle est l'exactitude sur ces faits importants : on nous pardonnera de nous y être appesanti et d'avoir rectifié les récits de Videl : si douloureuse qu'elle soit, une vérité historique est toujours bonne à connaître.

La statue de saint Marcellin dont parlent Bouche, Videl et Chorier, est la même que celle dont il est question dans l'inventaire ; seulement l'ambiguïté des expressions qui y sont employées est de nature à égarer le lecteur. C'était probablement un don royal. Saint Marcellin et Notre-Dame étaient les deux protecteurs de la ville d'Embrun ; l'une avait son tableau miraculeux et deux statues, l'autre n'en avait qu'une, mais cette infériorité numérique trouvait dans la valeur même de l'objet une sorte de compensation aux yeux des fidèles. Aussi devint-elle la proie d'un des principaux lieutenants de Lesdiguières.

L'église d'Embrun avait donc deux *images* de la Vierge, toutes les deux enrichies de pierreries. Nous savons que l'une d'elles fut donnée à l'officier d'artillerie Gentil; l'autre tomba entre les mains de deux soldats qui la mutilèrent. Une tradition, que nous devons rapporter dans toute sa naïveté, raconte qu'après s'en être emparés les soldats voulurent la briser à coups de marteau : l'un d'eux la frappa avec violence sur la face et mourut aussitôt; l'autre, qui n'approuvait pas sans doute cet acte de vandalisme, en fut quitte pour perdre le nez dans la première rencontre (1).

Il est encore une autre légende, mais celle-là repose sur des témoignages qu'il nous est encore permis de voir. S'il faut en croire la tradition, Lesdiguières aurait lui-même tenté une sorte de sacrilége et de profanation, en essayant de pénétrer à cheval dans la cathédrale et en passant sous le portique qui abritait le Réal : là, par l'effet d'un miracle, le cheval aurait refusé par deux fois d'avancer, et, en se cabrant, aurait perdu en même temps ses fers des pieds de

(1) *Histoire des Alpes Maritimes.*

derrière. On les voit encore aujourd'hui cloués à la porte de l'église (1).

Le pillage fut donc complet : les vases sacrés, l'argenterie, les reliquaires, les ornements, furent le butin de la soldatesque. On fondit les statues et on vendit les ornements, soit en Provence, soit en Piémont. Le duc de Savoie racheta quelques-unes des plus belles chapes, et les revendit à l'église d'Embrun, sur les instances de l'archevêque Guillaume d'Avançon.

La dispersion du trésor dut entraîner d'autres ravages ; les tableaux religieux furent probablement détruits et les tuyaux des orgues fondus, s'il est vrai qu'ils fussent en argent. Fornier revient souvent sur ce sujet, sans toutefois l'éclaircir complètement ; l'on tient que c'était un ouvrage magnifique, *et que les tuyaux étaient d'argent, au moins pour la plupart*. Les calvinistes les enlevèrent avec les autres richesses de cette église. Calignon, notaire et procureur d'Embrun, a eu en son pouvoir « l'acte de prix

---

(1) On prétend à Embrun que *le cheval de Lesdiguières pourrait bien avoir été une mule*. Ces fers ressemblent, en effet, plutôt à ceux d'une mule qu'à ceux d'un cheval. La mule était la monture habituelle dans ce pays montagneux. Lesdiguières s'en serait-il servi ?

fait qui en fut baillez par ordre du roi (1). »

Le théologien Bouche s'étend longuement sur les mauvais traitements que le clergé supporta de la part des calvinistes. Ils mirent le feu au palais de l'archevêque et le réduisirent en cendres : ils exercèrent sur les prêtres toute leur rage avec d'autant plus de fureur que Guillaume d'Avançon leur avait échappé ; leurs maisons furent saccagées et leurs têtes mises à prix ; quand on eut tiré d'eux tout l'argent possible, ils furent chassés de la ville. On brûla tous les titres et les anciens documents de cette église, pour anéantir les fondations des bénéfices et des chapelles. Le P. Fornier est encore plus circonstancié que Bouche à ce sujet.

Mais ils ne disent pas un mot sur le sort qu'éprouva le Réal; on est surpris de trouver autant de détails sur la journée du 19 novembre 1585 et sur les faits qui en furent la conséquence, à côté de l'oubli involontaire ou calculé de tous les historiens, à l'égard de l'image sainte qui était l'orgueil de la basilique. Le sujet cependant en valait la peine, et, ce qu'il y a de plus singulier, c'est que la tradition est muette sur le point important de cette destruction. Il est permis de

---

(1) Fornier, *Histoire des Alpes Maritimes*, pag. 417.

croire que le clergé voulut alors autant que possible tenir secret ce fatal événement, qui devait arrêter le concours des pèlerins, être la cause de la ruine de la ville et un sujet de regrets éternels pour cette église.

Le pèlerinage fut interrompu par la force des choses, car pendant quatorze ans la ville resta au pouvoir des calvinistes, et pendant tout ce temps l'église vénérée fut convertie en temple protestant. Une chaire dissidente fut élevée en face de celle où, pendant huit siècles, les apôtres de la foi enseignèrent l'orthodoxie et défendirent la religion romaine contre le schisme. Il est certain que pendant cette longue occupation le portique fut en partie démoli (1) et que la sainte image, livrée aux outrages du vainqueur, fut effacée et sa place recouverte d'une grossière maçonnerie. Elle ne devait pas être épargnée par les iconoclastes, car elle était un des plus illustres monuments de la dévotion à la Vierge ; aussi sa destruction fut-elle regardée comme un triomphe éclatant aux yeux de la Réforme.

Ainsi périt ce tableau miraculeux qui avait duré trois cents ans ; ainsi disparut cette célèbre

---

(1) Albert l'a vu à moitié détruit ou inachevé.

image devant laquelle, dans l'espace de moins d'un siècle, cinq rois de France ou dauphins étaient venus s'agenouiller. On laissa toutefois à peu près intacte l'inscription circulaire explicative qui avait été peinte sur l'arc même du tympan, comme pour attester devant les siècles futurs son existence et sa destruction.

En montrant aujourd'hui au visiteur étranger la chapelle qui est en face du portail latéral, on lui donne à entendre qu'une des deux statues dont elle est ornée porte encore la tête ou une partie du corps de la vierge miraculeuse. Cette supposition a été bien souvent traitée d'absurde; mais le peuple n'y regarde pas de si près, il ne peut croire qu'il ne lui soit rien resté de sa madone; il a oublié que la peinture n'est plus, que les deux statues d'argent ont été mutilées et fondues; il ne peut admettre que de tant de grandeur et de piété il ne soit resté qu'un souvenir. Il en coûte vraiment de lui enlever une à une ses chères illusions, mais il faut qu'il sache qu'il n'a plus rien à espérer. Les deux statues qui existent aujourd'hui remontent au siècle précédent: l'une est en marbre, tout d'une pièce; elle a, au point de vue de l'art, tant de ressemblance avec les anges qui ornent le maître-autel, qu'il est presque impossible de ne pas lui assigner la même origine. Or, cet autel a été construit en 1760. L'autre est en bois, recouverte d'une épaisse couche de vernis, et ne présente aucune trace de soudure apparente; elles n'ont rien de commun avec les deux statues d'argent couvertes de pierreries dont parle l'inventaire. Si vénérables qu'elles soient, elles n'ont pu effacer la souillure des iconoclastes et ramener le concours des pèlerins qui, par des circonstances étrangères à notre sujet, s'est perpétué à Notre-Dame du Laus. Depuis le 19 novembre 1585, c'en était fait du pèlerinage à Embrun; de ce jour-là, son sort fut décidé à peu près sans appel.

Ce ne fut qu'en 1599 que l'église fut rendue au culte catholique. Lesdiguières en avait réparé la toiture incendiée par Gessan le jour de la prise de la ville; il l'avait affectée au service du culte réformé. Guillaume d'Avançon faisait tous ses efforts pour qu'elle lui fût remise; il l'avait vivement demandée à Henri IV qui lui avait fait expédier des lettres patentes ordonnant la restitution: la volonté du souverain ne put recevoir une exécution immédiate; Lesdiguières ne consentait à la céder que contre le remboursement des sommes qu'il avait avancées pour les réparations. Enfin, le roi en ayant écrit lui-même à Lesdiguières, celui-ci promit positivement à l'archevêque de s'exécuter. D'Avançon en avisa le chapitre par une lettre du 15 octobre 1598 dans laquelle il annonçait qu'il était assuré de la bienveillance de Lesdiguières, et recommandait de racheter les chapes vendues à Turin, parce que, disait-il, *elles sont trop belles et précieuses pour les laisser ainsi consumer.*

Les choses traînèrent encore en longueur, et ce ne fut que le 8 juin 1599 que la remise en fut opérée. Le connétable en donnait l'ordre à de Bonne, gouverneur de la ville, dans une lettre que nous reproduisons en entier.

A Monsieur mon cousin, Monsieur de Bonne, commandant pour le service du roi à Ambrun, et au bailliage de l'Ambrunois.

« Monsieur mon cousin, j'ai accordé à M. d'Ambrun son église et me suis contenté, pour le gratifier davantage, de seize cent et cinquante écus pour les réparations. Je vous prie que huit jours après qu'on aura payé la moitié de ladite somme de lui faire rendre sans excuse ni remise son église et ses cloches et chaires, même celles des Cordeliers qui y sont ensemble les paroisses de Sainte-Cécile et de Saint-Donnat. Ne pouvant point encore lui faire rendre celle de St-Vincent employée pour le service du roi. Et comme je m'assure que ledit sieur d'Ambrun contiendra là haut chacun en union sous l'obéissance de Dieu et de Sa Majesté, aussi désire je qu'il soit accueilli avec le même honneur et service que je désire lui rendre. En quoi j'aurai très-agréable que vous serviez d'exemple aux autres. Cela est dû à son rang et à ses mérites qui le rendent des plus recommandables prélats de ce siècle. Je participerai à la satisfaction qu'il aura de vous et de façon que vous jugerez que je veux l'honorer et obliger en toutes sortes. Je remets vos occurrences à ce porteur que vous aimerez si le vous recommandé-je de plus en plus, Monsieur mon cousin, ensemble la continuelle souvenance de votre, etc. »

Au bas de cette lettre on lit encore ceci écrit de la main de Lesdiguières : « Il faut que vous retiriez la première moitié qui sont huit cent vingt-cinq écus, et pour l'autre moitié, bonne caution qui s'oblige à son propre et privé nom à payer à Noël prochain et aussitôt leur faire délivrer le grand temple ; mais je vous prie qu'on ne touche aux chaires ni aux cloches, ni à rien qu'à la chaire du ministre. Votre humble cousin pour vous faire service, signé LESDIGUIÈRES. »

« Guillaume d'Avançon n'était pas seulement un des prélats les plus vertueux de son époque, mais encore il était très-séduisant dans ses manières et savait au plus haut degré captiver la bienveillance des grands et s'attirer les cœurs de tous ceux qui avaient occasion de l'approcher.

Vers 1590, la ligue avait été presque partout battue par Lesdiguières : Grenoble avait capitulé ; l'archevêque d'Embrun, qui habitait cette ville, se trouva tout à coup en la puissance de son ennemi. Il alla cependant lui faire visite et reçut de lui, nous dit Videl (1), « un fort bon accueil et les plus honnestes paroles du monde. Lesdiguières la lui rendit, et, après les complimens ordinaires en cette occasion, lui dit :

« Qu'il estoit bien informé de sa mauvaise volonté qu'il lui portoit et des desplaisirs qu'il lui avoit suscitez ; et qu'encore il ne prétendit pas être assez heureux pour s'acquérir son amitié, il la lui demandoit pourtant, et le conjuroit d'oublier le passé. »

L'entrevue aurait été si affectueuse et si pleine de franchise, que le prélat, vaincu et ravi, se serait écrié, les yeux pleins de larmes : *Hé pourquoy ay-je jamais hay cet homme !*

---

(1) *Histoire de Lesdiguières*, pag. 110.

Cependant leur inimitié avait été telle, que le même historien n'a pas craint d'accuser d'Avançon d'avoir armé contre lui le bras de Platel, son valet de chambre. Le complot n'aurait échoué que parce que Lesdiguières en aurait été avisé par le secrétaire même de l'archevêque (1).

Nous laissons à Videl, bien entendu, la responsabilité de son allégation, qui, dans tous les cas, ne ferait pas beaucoup d'honneur à la fidélité des serviteurs des deux champions. Nous tenons à constater seulement que la réconciliation fut aussi sincère que l'animosité avait été grande. Lesdiguières, qui avait été mis en possession de tous les biens de l'archevêque, les lui rendit; il employa même son crédit auprès du roi pour lui faire obtenir le chapeau de cardinal.

Henri IV ressentit lui-même les effets de cette séduction; il avait témoigné à plusieurs reprises son mécontentement de ce qu'à l'exemple des autres prélats, cet archevêque n'était pas allé lui offrir ses hommages. C'est bien tard, monsieur d'Embrun, lui avait-il dit lorsqu'il s'était présenté à lui; mais, dit Marcellin Fornier, l'archevêque *étoit si agreable et si charmant dans sa vieillesse, qu'il eut bientôt adouci le cœur du*

(1) *Histoire de Lesdiguières*, pag. 30.

roi. Ce monarque, en effet, lui témoigna par la suite la plus constante amitié.

Guillaume d'Avançon revint à Embrun, prit possession de son siége et consacra de nouveau les autels de son diocèse profanés par l'occupation des calvinistes. Il mourut à Grenoble en 1600, et ne put revêtir la pourpre romaine, car l'envoyé de Rome qui apportait le chapeau de cardinal, que le pape lui avait accordé à la demande de Henri IV, apprit en route la mort de ce prélat.

Lesdiguières conserva cependant toute son amitié aux archevêques d'Embrun, comme pour faire oublier les maux qu'il avait causés à cette ville. Ce fut entre les mains de Guillaume d'Hugues qu'il abjura le protestantisme et revint à la foi de ses pères; il voulut qu'un prélat d'Embrun officiât dans cette grande solennité, qui eut lieu dans l'église de Saint-André, le 24 juillet 1622.

Le rachat des ornements sacerdotaux se fit avec le plus grand soin ; le duc de Savoie s'y prêta avec beaucoup de bonne volonté, puisque le chapitre lui laissa, en témoignage de sa reconnaissance, l'ornement appelé le Sacrifice d'Abraham, d'un prix inestimable. Les reliquaires, les statues, les vases sacrés, toute l'argenterie, en un mot, avait été anéantie à tout jamais. Il ne put en être de même des étoffes, et après tous les désastres de cette malheureuse église, on est surpris de trouver encore aujourd'hui une quantité aussi considérable d'ornements dont le tissu d'or et d'argent est du plus haut prix, et qui sont de véritables monuments de l'iconographie sacrée.

Nous pouvons le dire, sans crainte d'être démenti, le trésor de l'église d'Embrun forme à lui seul une collection peut-être unique de vêtements sacerdotaux ; nous n'en avons vu nulle part en si grand nombre, d'aussi anciens, d'aussi intéressants au point de vue archéologique. Il n'a pas moins de cent vingt-cinq chapes, chasubles et dalmatiques, sans compter les étoles, manipules, bannières, et sans parler des aubes et surplis ornés de dentelles de grand prix.

Sur ces chapes, chasubles et dalmatiques couvertes de fleurs ou de personnages, on trouve tous les degrés de l'art depuis le XIIIe jusqu'au XVIIe siècle ; il en est quelques-unes d'une date plus récente, qui présentent peu d'intérêt.

Les plus anciennes sont faciles à reconnaître à leur dessin et à leur ornementation. Les personnages, grossièrement faits, sont des spécimens de l'art à son enfance ; les figures, les pieds, les mains, hors de proportion avec le reste du corps.

sont mal attachés, les poses gauches, en quelque sorte disgracieuses.

Quatorze chapes ou chasubles à personnages mériteraient une description spéciale; nous n'en dirons que quelques mots.

Un des plus anciens vêtements est une chasuble dorée dont les orfrois, en velours cramoisi, sont couverts de véritables petits tableaux. Au centre, est l'enfant Jésus dans l'étable, entre Joseph et la Vierge, c'est la crèche : aux extrémités de la croix deux anges en adoration. Au-dessous l'Epiphanie; les rois sont vêtus d'une manière splendide, deux sont assis sur leur trône, un est à genoux. Puis, plus bas, Jésus allant au temple, Jésus à la cène; dans l'orfroi de devant la Vierge, saint Joseph et des bergers. Ces petits tableaux, tissés en fil d'or et d'argent. ont des personnages en relief; le dessin a une imperfection qui touche en quelque sorte à la grossièreté, mais c'est une grossièreté si primitive, si enfantine, qu'on ne peut se lasser de l'admirer. Elle présente encore une particularité remarquable : au-dessus du tableau représentant la crèche, qui est le plus grand de tous, est un énorme bouton recouvert en petits galons d'or formant des dessins; au milieu de ce bouton est un chaton assez grand dans lequel devaient être enchâssés, soit des diamants ou des perles, soit une relique ou une image. La place est vide, mais sous les galons d'or on voit encore un vieux parchemin couvert d'une écriture latine que nous n'avons pu déchiffrer et que nous supposons devoir porter la désignation de l'image ou de la relique, ou le nom de celui qui fit don à l'église de ce précieux vêtement.

Au bas de l'orfroi on voit des armes, que nous pensons être celles d'un cardinal, car sur l'écusson le chapeau est tissé en soie rouge. Un grand nombre d'archevêques d'Embrun furent élevés au cardinalat : il paraît probable que cette riche chasuble fut donnée par l'un d'eux, peut-être par Bertrand de Deux, Pasteur d'Aubenas ou Pierre de Sarcenas, cardinaux qui siégèrent au XIVe siècle.

Quoi qu'il en soit, cette chasuble, fabriquée en or nué (1), *aurum intextum*, et à grains d'orge, doit être rangée dans la catégorie que l'inventaire désigne sous le nom d'*or vieil*.

Une autre chasuble rouge, couverte de fleurs dorées, dans un bon état de conservation, est de la même époque que la précédente ; les person-

(1) Ce que l'inventaire du XVIe siècle appelle pommelé d'or.

nages cependant sont moins conservés que les fleurs, ils sont grossièrement faits et ont subi des réparations.

Dans la même période des XIIIe et XIVe siècles, nous classons une chasuble en drap d'or usé ; les personnages se multiplient, les saints, les anges, les apôtres, les patriarches, Dieu et la Vierge sont représentés dans des niches, dans des encadrements extrêmement gracieux ; l'architecture gothique épuise les trésors de son ornementation. Le dessin devient plus pur, sans être parfait, les figures ont un fini admirable, les vêtements sacerdotaux de cette époque sont d'une grande richesse, le tissu est lourd, à tel point qu'on dirait des plaques massives d'or et d'argent. La broderie est en galons cordés à grains d'orge, ou en or frisé.

Parmi les ornements de cette époque, il faut classer une chasuble violette, dont les personnages sont très-beaux. Au centre de l'orfroi, l'ouvrier a figuré Jésus avec Enoch et Élias, dont les noms sont très-lisibles, puis saint Pierre, saint Paul et saint Jean (1).

Une autre chasuble, réparée il y a quelques

---

(1) On trouve ces trois apôtres sur presque tous les ornements.

années, mais dont les orfrois n'ont pas été touchés ; elle représente plusieurs docteurs de l'Église ; les figures sont en soie, les habits en drap d'or.

Enfin, un ornement jaune, tissé d'or, composé : 1° d'une lourde chasuble à galons cordés ; 2° de deux dalmatiques et 3° de cinq chapes. Les chaperons et les orfrois de tous ces vêtements sont couverts de personnages en relief admirables, la chape du célébrant est d'un poids écrasant, elle est imagée devant et derrière. Les personnages sont Jésus, la Vierge, les apôtres, les évangélistes et les docteurs. Le voile de la chasuble, couvert de fleurs anciennes, est d'un travail accompli ; au centre est le Saint-Esprit.

Il est encore d'autres ornements, moins anciens, de très-grand prix, dans lesquels les fleurs remplacent les personnages : ils datent des XVIe, XVIIe et XVIIIe siècles.

Un ornement composé de huit vêtements, chapes et chasubles rouges, couvertes de petites fleurs en or et en argent, très bien conservées, avec les armoiries d'un archevêque.

Un autre ornement complet, composé de huit pièces en soie rouge, avec d'élégantes et riches fleurs en or.

Un magnifique ornement complet (dix pièces)

or et argent, fond blanc; la chasuble et la chape du célébrant sont d'une richesse remarquable.

Un ornement complet (dix pièces) en argent glacé, donné par le cardinal de Tencin, pour payer au chapitre son droit de chapelle.

Un ornement complet noir (dix pièces) à galons argentés, en relief velours soie.

Nous passerons sous silence des vêtements de diverses époques, au nombre de soixante-cinq, tous en soie, dont quelques-uns sont également fleuris.

Pour préciser davantage, le trésor de l'église se compose actuellement de soixante chapes, chasubles ou dalmatiques tissées d'or et d'argent, à personnages ou à fleurs. Les orfrois en ont été successivement rapportés sur différentes étoffes à mesure qu'elles s'usaient. C'est à cette heureuse précaution que nous devons de les retrouver encore. Il compte, en outre, soixante-cinq chapes, chasubles ou dalmatiques de toutes les époques, en soie, ornées de fleurs et de dessins. Dans ce chiffre ne sont pas compris les étoles, manipules et bannières.

Quant à l'argenterie, elle est bien déchue de sa splendeur passée. Cependant on trouve encore :

Cinq calices d'argent ;

Un ostensoir magnifique, en vermeil, pesant neuf kilogrammes ;

Deux plats d'argent pour les quêtes ;

Quatre bustes, en vermeil, contenant des reliques ;

Une belle croix processionnelle, donnée par un archevêque ;

Et un magnifique reliquaire de la vraie croix, constellé de gros diamants de la plus belle eau, et qui, à lui seul, est un trésor. Il ne figure pas dans l'inventaire du XVIe siècle ; il a donc été donné après le pillage de l'église. Le P. Fornier n'en dit rien, et cependant son histoire va jusqu'à 1642. Ce joyau a une valeur telle, que nous aurions désiré avoir quelques renseignements à son sujet : on ignore ici quel en fut le donateur.

On éprouve presque un sentiment de pitié pour les ornements sacerdotaux de nos jours, quand on les compare à ceux d'autrefois ; auprès d'eux ils paraissent mesquins. Ceux de l'église d'Embrun, tels qu'ils sont aujourd'hui, malgré leur vétusté, malgré les ravages occasionnés par un usage fréquent, sont encore si beaux, que nous sommes surpris qu'ils n'aient pas fait l'objet d'une étude spéciale, et que leurs dessins n'aient pas été reproduits par les peintres qui s'occupent d'iconographie sacrée. Nous laissons à d'autres, plus habiles que nous, le soin de cette étude, qui, à notre avis, serait assez importante pour motiver un voyage au milieu de ces montagnes. Que les artistes, que les explorateurs, que tous ceux qui aiment les belles et nobles choses, les grands souvenirs, viennent à Embrun visiter la vieille basilique, voir la place qu'occupait son Réal ; qu'ils viennent admirer les richesses sauvées du pillage et de l'incendie : ils trouveront, dans l'excellent et digne curé de Notre-Dame, ou dans ses vicaires, des guides empressés, dont la complaisance est inépuisable.

Bien que la destruction du tableau miraculeux enlève tout intérêt au récit de ce qui s'est passé depuis dans la cathédrale, cependant nous croirions notre travail incomplet si nous omettions la visite que Louis XIII fit à l'église d'Embrun, en 1629.

La guerre venait de se rallumer en Italie ; Chales-Emmanuel avait, de nouveau, ouvert ses états aux Espagnols ; le roi et le cardinal de Richelieu résolurent d'entrer en Piémont par le Mont-Genèvre et le marquisat de Suse (1). Le

(1) On montre, dans la vallée du Queyras, une maison dite la Maison du Roi, dans laquelle Louis XIII aurait passé

22 février, le roi quitta Grenoble ; il arriva à Embrun le jour des Cendres, avec une nombreuse suite, il y fut reçu avec de grandes démonstrations de joie. Ce monarque avait défendu qu'on fît des frais pour sa réception, mais les Embrunois se piquèrent d'émulation : on dressa des arcs de triomphe avec des peintures, des

la nuit. Nous croyons que c'est une erreur de nom et que c'est Louis XII qu'il faut dire. Ce monarque a pu coucher là en 1502, lorsqu'il allait en Italie. Son armée entra en Piémont par la vallée du Queyras ; mais il faut remarquer que c'était *fin juin ou au commencement de juillet, tandis que Louis XIII y entra le 1er mars*. Nous ne pensons pas qu'il soit possible, même aujourd'hui, de faire passer une armée par la vallée du Queyras au mois de mars, et nous ne pouvons admettre la supposition que Louis XIII ait fait une tentative de ce côté. Les historiens sont d'accord sur ce point, que le roi quitta Grenoble le 22 février ; il resta plusieurs jours à Embrun et franchit le Mont-Genèvre le 1er mars. Le préfet Ladoucette admet la supposition d'une tentative par la vallée du Queyras. Nous renvoyons à ce qu'il dit, page 180 de son *Histoire des Hautes-Alpes*, 3e édition, et nous nous bornons à émettre des doutes, que partageront ceux qui connaissent ces défilés, le mont Viso et le col Lacroix, pendant l'hiver. Quant à l'exemption de l'impôt accordée à l'aubergiste de la Maison du Roi, ce n'est pas parce que cette maison avait abrité un roi de France qu'elle lui a été accordée, mais parce qu'elle servait d'asile, d'hospice au voyageur pendant l'hiver et rendait de grands services dans cette longue vallée déserte.

emblèmes et des devises; il fut harangué par l'archevêque Guillaume d'Hugues, auquel il fit l'accueil le plus bienveillant, et encore par Jean Janel, prévôt, au nom du chapitre, et par Leuczic, son procureur, au nom de la ville (1).

On lui présenta, dans la cathédrale, le surplis

(1) Le registre des délibérations du conseil politique d'Embrun contient quelques renseignements sur les préparatifs de cette réception. La bonhomie et la simplicité avec lesquelles ils sont formulés nous engage à les reproduire :

« 20 février 1629. — Nous sommes à la veille de l'arrivée du roi en cette ville, disent les consuls, et parce que sommes en une année disetteuse, et qu'il est à craindre qu'on ne puisse pas trouver de pain à cause que les manans et grand nombre d'habitans de cette ville se trouvent despourveuz de bled, il faut faire amas de bled pour nourrir la suite du roi. — Il est conclud qu'on achètera du bled.

« Pour la réception on dressera des arcs triomphans, *on fera ramoner les cheminées*, on fera faire des clefs d'argent et l'on veillera à l'entretien des fontaines. M. de Leuezic est chargé de préparer la harangue que l'on fera au roi à son entrée.

« A l'occasion de l'arrivée prochaine du roi, les hôteliers d'Embrun ont enlevé les enseignes de leur logis et refusent de loger les passants, et les vivres sont à un prix exorbitant, ce à quoi il faut remédier. — Il est conclud que les aubergistes remettront leurs enseignes, logeront les passagers et ne prendront pas pour les vivres un prix plus élevé que celui fixé par Sa Majesté : à peine de 100 livres d'amende. »

et l'aumusse, qu'il reçut de fort bonne grâce et qu'il garda tout le temps que dura le *Te Deum*. Pendant son séjour il entendit la messe dans plusieurs églises et, en dernier lieu, dans la chapelle des filles de la Visitation. Il y donna encore audience aux ambassadeurs de Venise, de Savoie et de Gênes. Le 1er mars, il passait le Mont-Genèvre, par un temps très-rigoureux, en hissant son artillerie sur des traîneaux (1).

Ce fut le dernier roi de France qui ait revêtu l'aumusse et le surplis dans l'église d'Embrun, et aussi, nous le croyons, le dernier que cette ville ait eu l'honneur de recevoir dans ses murs. Les rois y venaient autrefois pour y invoquer la Vierge ; son image détruite, rien ne les appelait dans ces montagnes.

Un souverain devait encore y paraître, mais celui-là était un étranger qui entrait en vainqueur : Victor-Amédée, duc de Savoie, après s'être emparé du Briançonnais et de l'Embrunois, en 1692, s'installa dans la ville archiépiscopale, la rançonna et emporta les belles cloches de sa malheureuse église.

(1) Le P. Fornier était alors à Embrun ; il raconte tout cela *de visu*. Il ne parle pas de la tentative par la vallée du Queyras.

Notre tâche est finie ; si nous n'avons pas épuisé le sujet, nous avons au moins la conviction d'avoir recueilli, ici même, sur place, tous les documents que la localité peut fournir. On a peu écrit sur Notre-Dame d'Embrun, sa monographie est à faire; il est urgent de relever les inscriptions tombales dont elle est pavée, dont ses murs sont couverts : beaucoup d'entre elles sont déjà effacées. Puisse notre exemple exciter les archéologues à nous suivre sur ce terrain neuf encore; qu'ils se hâtent, ils n'ont pas de temps à perdre ! Pour nous, après la satisfaction du devoir accompli, nous croirons notre but atteint, si nous apprenons un jour que notre modeste étude a appelé d'une manière sérieuse l'attention sur la vieille basilique.

PIÈCES JUSTIFICATIVES.

PIÈCES JUSTIFICATIVES.

N° 1.

Vidimus du parlement de Grenoble pour le chapitre d'Embrun, du 2 novembre 1499.

Joannes comes de Fuxo de Stampis, vicecomes et dominus Narbonæ, gubernator Delphinatus, universis harum serie notum sit ut volumus. Nos seu insignem curiam parlamenti Delphinalis, die subscripta, litteras quasdam exonerationis seu deschargiæ a nobili et egregio viro domino Joanne Britonnet generali financiarum hujus patriæ Delphinatus, in favorem dominorum ecclesiæ Ebredunensis de summa quingentarum librarum turonensium emanatas, non vitiatas, non cancellatas nec in aliqua parte suspectas, vidisse, tenuisse, legisse, et diligenter inspexisse, legique et inspici fecisse quorum de verbo ad verbum sequitur.

Jean Britonnet, conseiller du roy notre sire, general ayant la charge et l'administration de ses finances tant ordinaires qu'extraordinaires du pays du Dauphiné, comté de Valentinois et Diois ; maistre Jean Ginon aussi conseiller dudit sieur thrézorier et receveur général desdites finances audit pays et comté, payez, baillez et délivrez des deniers de votre recepte, des deux années commençant dez le jour et feste de saint Jean-Baptiste 1477 et 1478, et finissant à semblable jour lesdites deux années révolues 1478 et 1479, à ceux de l'église d'Ambrun, la somme de cinq cents livres tournoises les termes échus et passés à eux ordonnés, et lesdits prix pour un service qu'ils font à l'intention du feu roy Charles en insinuant l'estat qui vous en a esté fait par le roy notre sire, et en rapportant ces présentes avec quittance de ceux de ladite église d'Ambrun. Ladite somme de cinq cents livres tournois sera allouée en vos comptes et rabbatue de votre recepte partout où il appartiendra sans aucune difficulté. Donné sous notre seing manuel le 23e jour de mars de l'an mil quatre cent soixante et dix sept. BRITONNET.

Post quarum quidem præscriptarum litterarum visione palpatione et lectione, in curia parlamenti prædicta, pro parte dictorum dominorum urbis Ebredunensis requisita, hujusmodi litteras de vidimus seu transcripti per secretarium ipsius curiæ subscriptum, fieri voluit et concessit : quibus propterea fidem plenariam adhiberi volumus. 9 mensis novembris 1499. Plus bas: Per dominum gubernatorem ad relationem curiæ quæ gratuitum donum, etc... Joannes Rabot, Pons Pontii, Henricus Gautheronis, A Muletti, Antonius Putodi, Petrus Laterii et Joannes de Vemas. Plus bas : JOFFROY.

N° 2.

Lettres-patentes de Louis XI, de janvier 1481, contenant constitution d'une rente annuelle de 3,972 ducats en faveur du chapitre d'Embrun.

Louis, par la grâce de Dieu, roy de France, dauphin de Viennois, comte de Valentinois et Diois : comme pour la grande et singulière dévotion que nous avons toujours eue et avons encore à la très-glorieuse Vierge Marie mère de Dieu notre créateur, sauveur et rédempteur, à laquelle après notre rédempteur nous avons toujours eu et encore avons chaque jour notre refuge et entière confiance, et par intercession d'icelle croyons fermement que sommes retournez à convalescence de certaines maladies qui puis ancien temps en ça nous sont avenües ; à cette cause ayant délibéré, voüé et promis pour aucunement reconnaistre envers Dieu notre Créateur et ladite Vierge Marie sa mère, les grandes grâces qu'elle nous a faites, comme nous croyons par l'intercession de ladite mère, et à ce qu'elle de plus en plus soit encline à intercéder envers notre Créateur pour la prospérité et santé de nostre personne et de nostre très cher et très-aimé fils, Charles, dauphin de Viennois, faire aumosnes, fondations en aucunes églises, tant de nostre royaume que du Dauphiné, et mesme en l'église cathédrale de Nostre-Dame d'Ambrun, sçavoir faisons que : nous les choses susdites considérées, voulant accomplir nostre délibération, vœu et promesse ainsi par nous, comme dit est fait, et de ce nous décharger; pour ces causes et autres à ce nous mouvant, avons de nostre propre mouvement, certaine science, grâce spécialle, plaine puissance et auctorité royal et daufinal, donné, cédé, transporté, délaissé et aumosné, donnons, cédons, transportons, délaissons et aumosnons, par ces présentes, pour nous et nos successeurs, roys daufins de Viennois, à ladite église Notre-Dame d'Ambrun et aux doyen, chanoines, vicaires, chapelains et habitués en icelle église, faisans et célébrans ordinairement le divin service, la somme de 3,972 ducats du poids de Florence que, par certaine composition ja pieça par nos prédécesseurs, faite avec les habitans du pays et comté du Briançonnois, lesdits habitans sont tenus payer chacun à nostre thrézorerie dudit pays du Daufiné pour les avoir, prendre, cueillir, recevoir, et percevoir d'oresnavant chacun an par lesdits doyen, chanoines, vicaires, chapelains et habitués en ladite église, par leurs mains ou de leurs commis à ce, et en jouyr et user perpétuellement a toujours, en ce compris le terme de Chandeleur venant, sans rien en réserver, ne retenir pour nous ny nos successeurs : ne que nostre thrézorier du Dauphiné ne autre quelconque y ayent plus que voir ne que connoistre en aucune manière. Et desquels 3,972 ducats nous nous sommes pour nous et nos dits successeurs dévestus, et en avons vestu et saisi les dits doyen, chanoines, chapelains, vicaires et habitués en la dite église Notre-Dame d'Ambrun, à la charge toutefois de dire, célébrer et continuer chacun jour perpétuellement en ladite église une haute messe solemnelle de Notre-Dame à diacre et sous diacre, et à la fin de ladite messe une oraison pour la prospérité et santé de notre personne, et de notre fils et nos successeurs roys et dauphins, et voulons et nous plait que les dits doyen, chanoines, vicaires, chapelains et habitués en la dite église, puissent à toujours mais perpétuellement tenir, posséder, et jouir des dits 3,972 ducats, comme amortis, et à Dieu et à la dite église dédiés, et lesquels de notre dite puissance et autorité nous les avons amortis et dédiés, dédions et amortissons par ces dites présentes, sans que au moyen des ordonnances faites sur le fait des francs fiefs et nouveaux acquets, ne autrement en quelque manière que ce soit, on les puisse ores ne au temps à venir contraindre à les mettre, ne vuider hors de leurs mains, ne que pour occasion de ce, ils nous soyent, ne aux dits successeurs, tenus faire ni payer aucune finance : pour l'indemnité de laquelle finance qui pourroit estre deue, à quelque somme qu'elle se puisse monter, nous leur avons donné et quitté, donnons et quittons par ces présentes que nous avons ce signées de nostre main. Si donons en mandement par ces mêmes presentes à nos amés et féaux les gouverneur ou son lieutenant gens de notre parlement et de nos comptes, et à tous nos autres justiciers au dit pays du Dauphiné ou ailleurs, lieu tenant présent et à venir et à chacun d'eux si comme à luy appartiendra qu'en faisant jouir et user les dits doyen, chanoines, vicaires, chapelains et habitués en la dite église de nos présents don, cession, transport, aumosnes et amortissement ils lui baillent ou fassent bailler reaument et de fait la possession et saisine des dits 3,972 ducats et d'iceux les fassent souffrant et laissant, et leurs successeurs en la dite église jouir et user perpétuellement, plainement et paisiblement, sans leur permettre ne souffrir estre fait ou mis aucun destourbier ou empêchement ores ou pour le temps à venir au contraire en aucune manière, lequel fait ou mis leur estait, mettent ou fassent mettre incontinant et sans délai au présent état et deu, et en rapportant ces dits présentes ou vidimus d'icelles fait sous scel royal ou dauphinal pour une fois et reconnaissance sur ce souffisant pour une fois tant seulement ; nous voulons notre dit thrésorier du Dauphiné et tous autres à qui se pourrait toucher en estre perpétuellement à toujours tenus quittes et décharges par nos dits gens des comptes, auxquels nous mandons ainsi fait sans aucune difficultés non'obstant que l'on veuille dire que les dits 3,972 ducats soient du vray et ancien domaine de notre pays du dit Daufiné qu'on veuille dire que d'iceluy ne doyons chose aucune aliéner que décharge n'en soit levée selon l'ordre de nos finances, et quelconque ordonnances, restrictions, mandemens, ou déffenses à ce contraires, et afin que ce soit chose ferme et stable à toujours, nous avons fait mettre notre scel à ces dites présentes ; sauf en autre chose notre droit et l'autruy en toutes. Donné à Touars au mois de janvier l'an M. cccc. quatre vingt et un, et de notre règne le vingt unième. Par le roy daufin, les sieurs d'Estellan du Bouchage, François de Genas, général des finances et autres présents. BRITONNET.

N° 3.

Lettres-patentes de Louis XI, du 16 juillet 1481, ratifiant le règlement du chapitre d'Embrun sur la distribution des 3,972 ducats.

Louis, par la grâce de Dieu, roy de France, dauphin de Viennois, comte de Valentinois et Diois, à tous ceux qui ces lettres présentes verront, salut : comme puis aucun tems en ça pour la grande et singulière devotions qu'avons à la benoite glorieuse Vierge Marie, mère de notre benoit Sauveur Jésus-Christ notre advocat et intercesseresse envers lui, et pour le salut et remède de notre âme et à ce que soyons participant des bienfaits, prières et oraisons de l'église de Notre-Dame d'Ambrun en notre pays de Dauphiné auquel lieu et église avons singulier amour et dévotions ; nous pour ces causes avons fondé en la dite église une messe perpétuelle et quotidienne et autre service divin à l'honneur et reverence de Dieu notre Créateur et de la glorieuse Vierge Marie, et pour l'entretenement et continuation de ladite fondation avons donné à la dite église certaine rente de notre domaine pour estre convertie et employée et distribuée aux gens servant de la dite église en la manière contenue et plus amplement déclarée en la fondation statut et constitution faite de notre commandement en la dite église par les dits prevot, chanoine et chapitre d'icelle, etc... Lesquelles constitutions et ordonnances nous avons et tenons pour agreables, et icelles louons et approuvons en tant qu'à nous est.... Donné à Notre-Dame de Clery le XVI juillet MCCCCLXXXI.

Signé : Louys.

N° 4.

Bulle de Sixte IV, conférant à Louis XI et à tous les rois de France la chanoinie d'Embrun. Janv. 1482.

Sixtus servus servorum Dei ad perpetuam rei memoriam. Sollicitudo pastoralis officii mentem nostram continua pulsat instantia, ut nostræ provisionis ope, singulæ ecclesiæ, præsertim metropolitanæ dignis Deo personis honorentur; et Reges Francorum qui velut christianæ religionis protectores, sacra unctione linuntur, ut ad benefaciendum ipsis ecclesiis reddantur in dies promptiores, titulis ecclesiasticis, prout ipsorum regum excellentia ac innata devotio expostulat, decorentur; et his que propterea provide facta sunt, ut effectum habeant stabilem libenter apostolici muniminis adjicimus firmitatem.

Sane sicut accepimus nuper canonicatu et prebenda ecclesiæ ebredunensis, in qua nonnullæ minores præbendæ fore noscuntur, quas quondam Mondonus David, ipsius ecclesiæ canonicus, dum vivebat, per obitum ejusdem Mondoni, qui extra romanam curiam diem clausit, vacantibus; dilecti filii, capitulum dictæ ecclesiæ, cum ad illum capitulum collatio, provisio, et omnimoda dispositio canonicatuum et præbendarum ejusdem ecclesiæ dum vacant, de antiqua et approbata, hactenus que pacifice observata consuetudine pertineant, canonicatum et præbendam prædictos, ut præmittitur vacantes, charissimo in Christo filio nostro Ludovico Francorum regi illustri, ordinaria auctoritate contulerunt, et de illis etiam providerunt; ipseque Ludovicus collationis et provisionis praedictarum vigore canonicatum et praebendam extitit assecutus.

Nos itaque, motu proprio, non ad ipsius regis vel alieni alterius pro eo nobis super hoc oblatae petitionis instantiam, sed de nostra mera liberalitate, et ex certa nostra scientia, collationem et provisionem de canonicatu et praebenda quorum fructus, redditus et proventus XXIV librarum turonensium parvarum, secundum communem aestimationem valorem annualem, ut etiam accepimus, non excedunt, eodem regi factas ejusmodi, ac prout illas concernunt omnia et singula in litteris ipsius capituli de super confectis, quarum tenores ac si de verbo ad verbum praesentius insererentur, haberi volumus pro sufficienter expressis, contenta et inde secuta quaecumque, auctoritate apostolica, tenore praesentium approbamus et confirmamus, ac praesentis scripti patrocinio communimus; supplentes omnes et singulos tam juris quam facti defectus, si qui intervenerint in eisdem. Ut nihilominus de caetero praefata ecclesia habeat per amplius, ut dictum est, honorari, ad ipsius Ludovici successores Francorum reges pro tempore existentes, statim post sceptri regalis adeptionem, absque alia creatione, seu collatione, seu provisione, per nos vel successores nostros romanos pontifices, aut capitulum dictae ecclesiae, seu quosvis alios, desuper facienda, cum plenitudine juris canonici sint, et esse censeantur, ipsius ecclesiae canonici et protocanonici nuncupentur, ac canonicatum et prebendam, quos nunc dictus Ludovicus rex obtinet, obtinere, illorumque possessionem per se vel alium, seu alios, propria auctoritate libera apprehendere diocesani loci ac capituli praedictorum et cujusvis alterius licentia super hoc minime requisita. Quodque Ludovicus et successores prædicti quoties ad eamdem ecclesiam accesserint superpellicium, cappam, almutiam, atque alia canonicalia indumenta et insignia deferre ad instar aliorum dictæ ecclesiæ canonicorum, ac primum stallum in choro post archiepiscopum ebredunensem pro tempore existentem, et locum in capitulo etiam supra et ante præpositum ipsius ecclesiæ, habere possint et debeant; motu, et scientia et tenore prædictis statuimus decernimus pariter et ordinamus. Decernentes optiones de præbenda prædicta sicut nunc præsertim vacante, et in posterum vacatura factas forsan hactenus et faciendas in futurum nullas et invalidas esse, ac censeri debere nec cuique suffragari; et dictam præbendam sub dictis optionibus nullatenus potuisse, aut posse comprehendi; irritum quoque et inane si secus super his a quocumque quavis auctoritate scienter vel ignoranter attentatum forsan est hactenus, vel in posterum contigerit attentari, non obstantibus præmissis ac constitutionibus, vel ordinationibus apostolicis, statutis quoque et consuetudinibus dictæ ecclesiæ, juramento confirmatione apostolica vel quavis firmitate alia roboratis, cæterisque contrariis quibuscumque.

Nulli ergo omnino hominum liceat hanc paginam nostram approbationis, confirmationis, communitionis suppletionis statuti, constitutionis, ordinationis et decreti infringere, vel ei ausu temerario contra ire. Si quis autem hoc attentare præsumpserit, indignatione omnipotentis Dei ac beatorum Petri et Pauli apostolorum ejus se noverit incursurum. Datum Romæ, apud sanctum Petrum, anno incarnationis dominicæ MCCCCLXXXII, decimo kal. febr., Pontif. nostri anno XII. L. Grifus. D. Galletus. Gratis de mandato sanctissimi Domini nostri Papæ. P. Pardo.

N° 5.

Lettres de Charles VIII au chapitre d'Embrun, sur l'élection de Rostain d'Ancezune. 15 et 20 octobre 1494.

De par le roy dauphin,

Chers et bien amez, nous avons présentement esté advertis que vostre archevêque est allé de vie à trépas, dont il nous déplait, et pour ce que le dit archevesché est assis en pays de frontière, et le dernier diocèse du pays de nostre obéissance du costé de deça les monts, et en lieu dangereux, et que s'il n'y estoit par nous pourveu de personnage asseuré et bien feable grand inconveniant et dommage irréparable nous en pourroit avenir à nostre pays du Dauphiné et conséquamment à tout nostre royaume ; pour laquelle cause, et que nous désirons de tout nostre cœur obvier audit inconvéniant, et pourvoir pour le temps à venir audit archevesché d'un bon, grand et notable personnage qui soit de maison et qui ait auctorité pour le bien de nous, de la conservation des droits et affaires de l'église, et que de plus en plus désirons l'ample promotion en sainte église de nostre amé et feal conseiller et ambassadeur en cour de Rome maistre Rostain d'Ancezune evesque de Frejus, frère de Charles et Giraud d'Ancezune nos conseillers et maistres d'hostel de bouche, et cousin du sieur de Grimault, sénéschal de Beaucaire, nostre conseiller et chambellan ordinaire, tant pour la bonne, grande et entière confiance que nous avons de sa personne, et des bonnes mœurs et notables vertus et mérites qui y sont, qu'aussi en faveur et reconnaissance des bons, grands, loüables et recommendables services que le dit séneschal de Beaucaire son cousin, et lesdits frères nous ont par cy devant faits, et font chascun jour en nos plus grands, principaux et secrets affaires, et lui pareillement en cour de Rome, où il nous a très-grandement servi et encore fait présentement. Nous avons délibéré de le fer pourvoir dudit archevesché et non autre ainsi que dernièrement vous avons écrit, et quel en eut la résignation, puis qu'il luy en a esté faite par N. S.-P. le pape dont vous avons bien voulcu écrire et avertir, afin que n'y prétendiez cause d'ignorance, et que ne procédiez en aucune voye d'élection ou postulation pour vostre futeur archevêsque, et pasteur de personne quelle quelle soit, sinon que ce soit de nostre conseiller l'évesque de Frejus auquel cas consentons dez à présent et non autrement, vous avertissant que si vous aviez fait, ou faisiez le contraire, nous n'en serions contens dont vous avons bien voulcu avertir, et aussi en accomplissant notre vouloir et plaisir nous vous sçaurons très-bon gré, et en aurons les affections de vostre église en meilleure recommandation. Donné à Pavie le 15e jour d'octobre. CHARLES; et plus bas, ROBERT, et au dessus : A nos chers et bien amez les prevost, chanoines et chapitre de l'église Nostre-Dame d'Ambrun.

De par le roy dauphin,

Chers et bien amez, nous avons leu les lettres que nous avez écrites par le porteur de cettes, et par icelles de plus en plus cognu le bon et grand vouloir qu'avez de nous obeyr et complairre touchant l'élection et postulation de vostre futeur archevesque dont vous sçavons si bon gré que plus ne pourrions. Car pour la singulière dévotion qu'avons à vostre église d'Ambrun, nous désirons qu'il y soit pourveu de personnage à nous agréable, seur et feable et de qui ayons bonne connoissance; et parce que puis n'a gueres auparavant et depuis le trépas de feu vostre archevesque, vous avons bien au long écrit et fait sçavoir l'amour et affection que portons à nostre amé et féal conseiller Rostain evesque de Frejus, et le désir qu'avons qu'à sa promotion et ample provision en l'église, et nommément audit archevesché d'Ambrun nous vous avons bien vouleu écrire et de rechef avertir de nostre dit vouloir et intention, qui sont tels que nous entendons que le dit archevesché luy demeure et non à autre, en ensuivant les provisions qu'il en a deja pour ce obtenües, parquoy et pour éviter tous procez, vous prions sur tout le plaisir et service que jamais fer nous désirez qu'en ensuivant nos dites lettres, nos vouloirs et intentions, vous vueillez postuler en vostre futeur archevesque, le dit evesque de Frejus, et tellement vous y conduire qu'il en demeure paisible, en ce faisant vous fairez le profit de vous et de vostre église; car le dit evesque de Frejus est bon et grand personnage, et doüé de beaucoup de bonnes et grandes vertus; parquoy de luy la dite église et affaires d'icelles seront très bien regis et gouvernez; et pour ce fer de nostre part y tiendrons la main pour le bien de la dite église, et si nous faites si grand et si agréable plaisir que plus ne pourriez; aussi pour rien ne souffrirons, qu'autre que nostre dit conseiller l'evesque de Frejus en soit pourveu; en advertissant tous ceux qui voudroient fer aucune poursuitte contre nostre dit vouloir et intentions, qu'ils perdront leurs peines et ce qu'ils y mettront, comme plus à plain avons déclaré de bouche à ce dit porteur, pour vous dire de par nous. Donné à Plaisance le 20ᵉ jour d'octobre. CHARLES. Et plus bas ROBERTET; l'adresse est de mesme que celle de la précédante lettre.

N° 6.

Bulle de Léon X, sur des réparations à faire à Notre-Dame d'Embrun. Décembre 1514.

Leo episcopus servus servorum, etc. Universis Christi fidelibus, presentes litteras inspecturis salutem et apostolicam benedictionem. Dum præclara meritorum insignia quibus regina cælorum genitrix gloriosa Maria cælorum prælata sydereis quasi stella matutina prærutilat, devotæ considerationis indagine perscrutamur; Dumque intra pectoris nostri arcana revolvimus, quod ipsa utpote mater gratiæ et misericordiæ pro salute Christi fidelium qui delictorum onere prægravantur, apud Deum quem genuit Jesum Christum dominum nostrum assidue intercedit, dignum et debitum esse putamus : Ut in honore sui nominis dedicatas ecclesias, præsertim in locis ubi miraculorum claritate coruscat, gratiosis remissionum prosequamur impendiis, et indulgentiarum muneribus decoremus.

Cupientes igitur ut ecclesia Ebredunensis quæ sub invocationem Virginis gloriosæ Mariæ dedicata existit, reparetur, et capella in honorem ipsius gloriosæ Virginis et trium regum, ibi structura insigni et illustri ædificio de novo fabricetur, et ad divinum cultum ampliandum, ad quam Christi fideles diversarum nationum et etiam Francorum reges tum propter devotionem quam illi gerunt, tum etiam propter diversa miraculaque omnipotens Deus meritis et intercessionibus prælibatæ Virginis gloriosæ retroactis temporibus, hactenus operatus est et operatur in dies, magnus populi concursus habeatur. Nosque carissimi in Christo filii Ludovici Francorum regis illustris et dilecti filii nostri Nicolai tit. sanctæ priscæ præsbyteri cardinalis ipsius ecclesiæ archiepiscopi, qui singularem devotionem ad illam ecclesiam gerunt, supplicationibus inclinati, et ut congruis honoribus frequentetur a Christi fidelibus, eo libentius devotionis causa ad illam confluant, quo tandem precibus ac meritis præfatæ Virginis adjuti, et per alia bona opera quæ fecerint, animarum suarum salutem speraverint adipisci; et capella de novo, ut præfertur, ædificanda, ac ecclesia et campanila, quod ut accepimus ruinam minatur in suis structuris ædificiisque, reparationibus, et aliis rebus et ornamentis divino cultui necessariis, honestius, commodiusque ædificentur et reparentur, et Christi fideles tanto religiosius et sanctius ad eam confluant, quo ibi dono gratiæ uberius conspexerint se refectos. De omnipotentis Dei misericordia, ac BB. Petri et Pauli apostolorum ejus, auctoritate confisi, omnibus et singulis utriusque sexus, Christi fidelibus vere pænitentibus et confessis, qui præfatam ecclesiam in Nativitatis et Annunciationis ejusdem Virginis gloriosæ Mariæ festivitatibus annuatim a meridie diei præcedentis, usque ad occasum solis ipsarum festivitatum inclusive devote visitaverint, et pias eleemosinas ad ædificiorum reparationem, manutentionem, conservationem et decorem, ac augmentum divini cultus hujusmodi erogaverint, manusque quomodolibet porrexerint adjutrices, seu senes et valetudinarii, seu infirmi ac mulieres prægnantes, et alii legitimo impedimento detenti, qui commode visitare prædictam ecclesiam non poterunt, eleemosinas pro præmissis miserint, plenariam omnium peccatorum suorum de quibus corde contriti, et ore confessi fuerint, indulgentiam et remissionem concedimus et elargimur. Quodque si contingat ipsa festa ejusdem Virginis, vel alterum ipsorum dici sabbathi celebrari, tunc extendatur et continuetur prædicta indulgentia per totam diem dominicam sequentem, etc...

Le P. Fornier termine ainsi :

Le pontife ordonne ensuite, par cette bulle, qu'une partie de ces aumônes soit réservée pour les réparations de l'église de Saint-Pierre et de Saint-Paul de Rome : qu'il y ait trois clefs, dont l'une serait gardée par le grand vicaire de l'archevêque, l'autre par le chapitre, et la troisième par les syndics ou consuls de la ville; et que cette indulgence plénière ait une durée de soixante ans, nonobstant toutes les réserves faites par les bulles appelées cruciates ou croisées en cour de Rome. Cette bulle fut donnée le 4e jour avant les calendes de janvier l'an MDXIV, le 2me du pontificat de ce pape.

TABLE DES MATIÈRES.

       Pages.

Notice sur Marcellin Fornier....   1

Chapitre Premier. — Préliminaires. — Coup-
d'œil général. — L'église d'Embrun, son architecture. Elle a été fondée par Charlemagne. — La
bulle de Victor II. — Opinions des historiens. —
La tradition est constante sur cette fondation. —
Restaurations successives. — Intérieur de l'église;
tableaux, autels, chapelle de Sainte-Anne.......   67

Chapitre II. — Ce qu'était l'image miraculeuse.
— Le Livre des miracles. — Le tableau des Trois-
Rois. — Le tableau de l'Annonciation. — Sainte-

Pages.

Marie Delbeza. — Construction du portail latéral. A quelle époque remonte le Réal. — Les lions carlovingiens, le baptistère. — Le Réal sert de chapelle. — Les dons du maréchal Trivulce....... 93

CHAPITRE III. — Dévotion de Louis XI à Notre-Dame d'Embrun; son pèlerinage; ses offrandes, la messe du roi, dotation du chapitre. — Sixte IV nomme les rois de France chanoines de l'église d'Embrun; ils doivent porter l'aumusse et le surplis. — Prières de Louis XI. — La grille d'argent. — Les orgues. — Inimitié du roi contre l'archevêque 127

CHAPITRE IV. — Charles VIII fait un pèlerinage à la Vierge; date précise de son voyage; sa réception. — La donation de Louis XI est révoquée. — Louis XII passe à Embrun. — Une bulle de Léon X. — François Ier entre en Italie; marche de son armée. — Entrée de Henri II; il est reçu comme chanoine. 175

CHAPITRE V. — Dons faits à l'église d'Embrun aux XIIIe et XIVe siècles. — L'aube parée de Guillaume de Mandagot; le collier, l'amict et le frontal. — La chape des rois d'Angleterre. — Les statues d'argent de la Vierge, leurs ornements; elles sont habillées. — Inventaire du trésor de Notre-Dame au XIe siècle, argenterie, reliques et reliquaires, ornements de grand prix................... 209

CHAPITRE VI. — Médaille à Notre-Dame d'Embrun au XVIe siècle. — Réception du duc de Mayenne.

	Pages.
— Prise d'Embrun; pillage du trésor de Notre-Dame. — Les fers du cheval de Lesdiguières. — Destruction du tableau miraculeux. — L'église devient un temple protestant; elle est restituée à Guillaume d'Avançon. — Rachat des vêtements sacerdotaux. — Coup d'œil sur le trésor actuel de l'église. — Visite de Louis XIII; il est reçu en habits de chanoine. — Un duc de Savoie à Embrun.	239
PIÈCES JUSTIFICATIVES.	287
N° 1. — Vidimus du parlement de Grenoble pour le chapitre d'Embrun, du 2 novembre 1499.	289
N° 2. — Lettres-patentes de Louis XI, de janvier 1481, contenant constitution d'une rente annuelle de 3,972 ducats en faveur du chapitre d'Embrun.	291
N° 3. — Lettres-patentes de Louis XI, du 16 juillet 1481, ratifiant le règlement du chapitre d'Embrun sur la distribution des 3,972 ducats.	294
N° 4. — Bulle de Sixte IV, conférant à Louis XI et à tous les rois de France la chanoinie d'Embrun. Janv. 1482.	296
N° 5. — Lettres de Charles VIII au chapitre d'Embrun, sur l'élection de Rostain d'Ancezune. 15 et 20 octobre 1494.	299
N° 6. — Bulle de Léon X, sur des réparations à faire à Notre-Dame d'Embrun. Décembre 1594.	302

EN SOUSCRIPTION CHEZ LES MÊMES ÉDITEURS.

SOUS PRESSE :

ARMORIAL HISTORIQUE

DE

LA NOBLESSE DE DAUPHINÉ

PAR

M. Justin BRUN-DURAND.

AVEC 150 BLASONS GRAVÉS INTERCALÉS DANS LE TEXTE.

1 beau vol. in-8 raisin de 500 pages.

HISTOIRE GÉNÉRALE DE DAUPHINÉ

PAR CHORIER.

2 vol. in-folio. Nouvelle édition (sous presse).

Grenoble, Maisonville et fils, Imp.-lib.

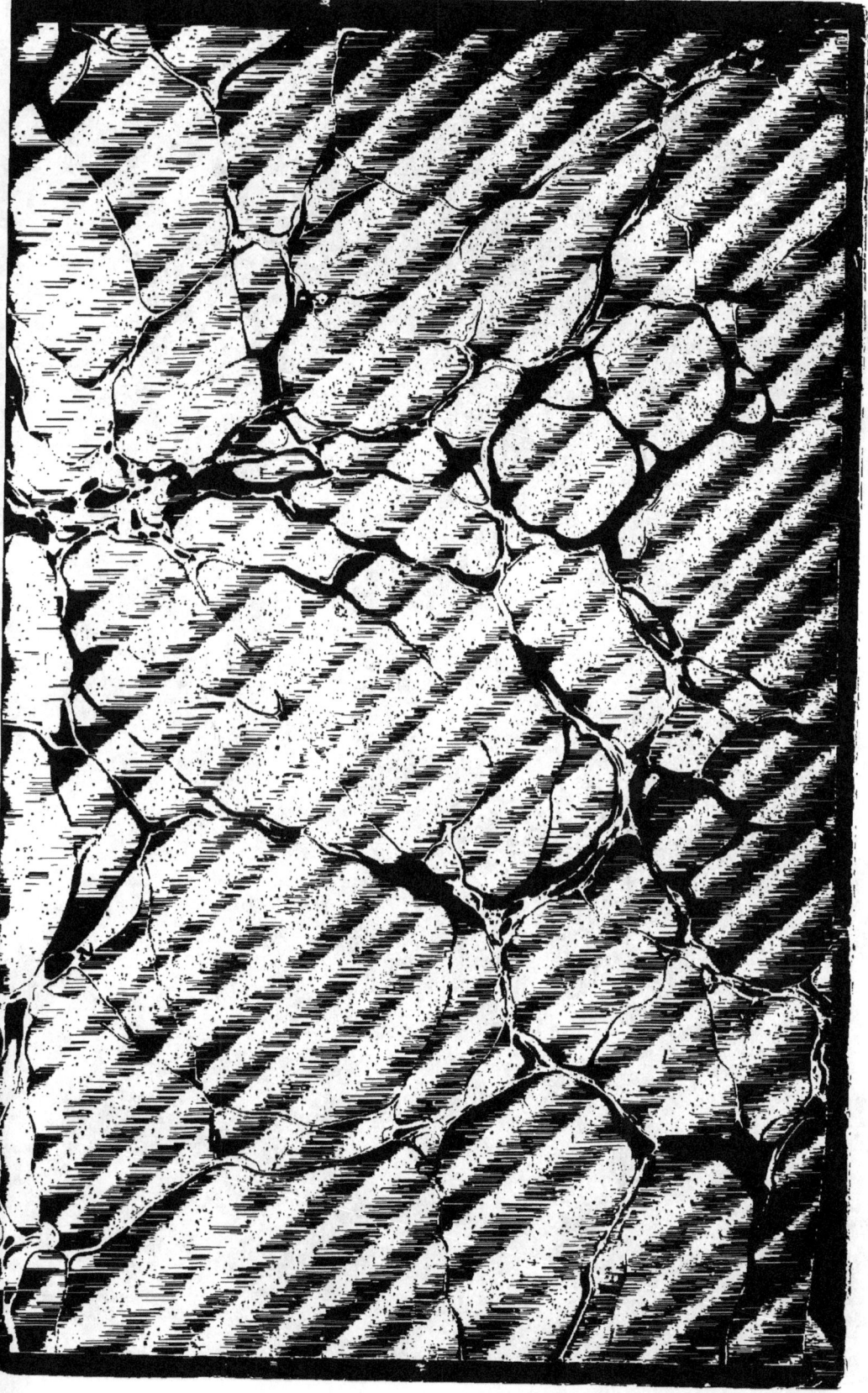

www.ingramcontent.com/pod-product-compliance
Lightning Source LLC
Chambersburg PA
CBHW070619160426
43194CB00009B/1317